Universo dos Livros Editora Ltda.
Rua Haddock Lobo, 347 – 12º andar – Cerqueira César
CEP 01414-001 • São Paulo/SP
Telefone: (11) 3217-2600 • Fax: (11) 3217-2616
www.universodoslivros.com.br
e-mail: editor@universodoslivros.com.br

ALBERTO DELL'ISOLA

MENTES BRILHANTES

SÃO PAULO
2010

UNIVERSO DOS LIVROS

Diretor Editorial
Luis Matos

Assistência Editorial
Carolina Evangeslista
Renata Miyagusku
Tatiana Costa

Preparação dos Originais
Alberto Bononi
Erika Sá da Silva
Fernanda Batista dos Santos

Revisão
Marília Ferro
Nízia Caetano
Shirley Figueiredo Ayres

Projeto Gráfico
Fabiana Pedrozo

Diagramação
Claudio Alves
Stephanie Lin

Capa
Sérgio Bergocce

Ilustrações
Lucas Ed

Dados Internacionais de Catalogação na Publicação (CIP)
(Câmara Brasileira do Livro, SP, Brasil)

D357m Dell'Isola, Alberto.

Mentes Brilhantes / Alberto Dell'Isola – 2ª ed.
– São Paulo : Universo dos Livros, 2010.
208 p.

ISBN 978-85-7930-054-7

1. Memorização. 2. Mnemônica. I. Título.

CDD 154.1

Dedicatória

Dedicado aos meus pais, à minha irmã e à Valéria, meu grande amor e responsável por minhas lembranças mais doces.

Agradecimentos

A Ben Pridmore, campeão mundial de memória em 2004, pelos conselhos e incentivo.

A Dominic O'Brien, oito vezes campeão mundial de memória, pelas dicas dadas no mundial de 2007.

A Dra. Ana Alvarez, pelo apoio constante em minha carreira.

A Dra. Carmen Flores, professora e pesquisadora da UFMG, por incentivar minha iniciação científica.

A Dra. Delba Barros, professora e pesquisadora da UMG, por todo o incentivo dado em seu estágio de orientação profissional, no departamento de Psicologia da UFMG.

A Dr. Lair Ribeiro, grande nome da PNL no Brasil, pelos conselhos e incentivo ao lançamento deste livro.

A Dr. Leandro Malloy, professor e pesquisador da UFMG, por me convidar para participar de seu grupo de pesquisa em neurociência.

A Edmo Magalhães, pelo incentivo e amizade.

A Eduardo Costa, companheiro da MAD – equipe brasileira de memória – pelas incontáveis discussões sobre sistemas mnemônicos e sua aplicação.

A Tony Buzan, psicólogo e criador dos mapas mentais e Phill Chambers, presidente do comitê internacional de campeonatos de memória, pelo incentivo.

Ao Sistema Carrier de Ensino de Belo Horizonte, pelo suporte no começo de tudo.

O Autor

Alberto Dell'Isola, de apenas 29 (vinte e nove) anos, é escritor, palestrante, *coach* e membro do Laboratório de Avaliação das Diferenças Individuais (LADI), onde participa de diversas pesquisas e projetos na área de Psicologia.

Dell'Isola foi o primeiro brasileiro a participar do Campeonato Mundial de Memória, ocorrido de 31 de agosto de 2007 a 2 de setembro de 2007, onde divulgou e representou o trabalho intelectual no Brasil. O campeão brasileiro quebrou dois recordes latino-americanos: 289 cartas de baralho em uma hora, (antes, o recorde latino-americano era de 280); 280 dígitos em uma hora, (e o recorde anterior era de 260). Devido a seus feitos, nosso mentatleta (como são chamados os atletas da mente) brasileiro, foi destaque em várias revistas (*Veja*, *VIP*, *NOVA*, *Reader's Digest Seleções*...) e programas de TV (Caldeirão do Huck, Fantástico, Sem censura com Leda Nagle, Domingão do Faustão...), sendo inclusive homenageado no Congresso Nacional.

Ao contrário do que se possa pensar, Alberto não nasceu com uma memória brilhante. Assim como a maioria das pessoas, ele já se esqueceu de discursos, chaves ou até mesmo onde estacionou o carro. No entanto, em 2004, decidiu dar um basta nisso tudo e passou a criar diversas técnicas que lhe possibilitariam, em apenas 2 anos, tornar um dos maiores mentatletas do mundo.

Atualmente, além de sua brilhante vida acadêmica, Alberto Dell'Isola tem se destacado como consultor e palestrante, oferecendo treinamentos de memorização, ensinando todos os segredos que o tornaram uma das mentes mais brilhantes do mundo.

Para obter mais dicas gratuitas de memorização e técnicas de estudo, não se esqueça de visitar o site http://www.supermemoria.com.br.

Para contratar palestras, treinamentos ou cursos com o autor, envie um e-mail para albertodellisola@gmail.com ou entre em contato pelo telefone (31) 3226-3967.

Sumário

Capítulo 1
Introdução 11

Capítulo 2
Estratégias Internas 35

Capítulo 3
Memorizando Números 51

Capítulo 4
O método Dell´Isola para aprender idiomas 63

Capítulo 5
Mentes Criativas 79

Capítulo 6
O que é Criatividade? 87

Capítulo 7
Aumentando a Criatividade 97

Capítulo 8
Inimigos da Criatividade 111

Capítulo 9
Brainstorming 121

Capítulo 10
Dinâmicas Individuais 135

Capítulo 11
Dinâmincas Exclusivas para Grupos 157

Capítulo 12
Mapas Mentais 169

Capítulo 13
Leitura Dinâmica 177

Capítulo 14
O Regulador de Leitura 185

Capítulo 15
Considerações Finais 199

Bibliografia 203

INTRODUÇÃO

"O método é a mãe da memória."
Thomas Fuller

Eu sei o que é esquecer o nome de alguma pessoa. Já me esqueci de reuniões, números de telefones, senhas do banco, piadas que o Jô Soares fez na noite anterior, e até mesmo da chave de casa. Atualmente, vivo da minha memória excepcional, fazendo shows e oferecendo consultoria para diversas empresas do País. O que fiz para mudar? Há alguns anos resolvi treinar a minha memória...

Sem conhecimento algum sobre memória, passei vários meses lendo livros sobre o tema, testando o que funcionava e o que não funcionava muito bem para mim. Criava a cada dia uma nova técnica, descartando ou alterando aquelas que não funcionavam.

Aliando esse método da tentativa aos muitos estudos sobre o assunto, pude estabelecer uma série de técnicas mnemônicas, que compilei neste livro. Está vendo, leitor? Você já começou bem: economizando tempo e dinheiro!

Minha memória me ajudou a ter mais qualidade de vida. Não preciso mais usar uma agenda: todos os meus compromissos são armazenados diretamente em minha cabeça. Sou capaz de dar palestras ou participar de debates sem usar qualquer pedaço de papel. Provas? Em vez de martírio, tornaram-se diversão para mim.

Prerrequisitos

Algumas pessoas me perguntam se minhas técnicas de memória funcionam para qualquer pessoa, achando que minha performance é baseada em alguma genialidade. Apesar de me sentir lisonjeado com esses comentários, devo admitir que eles são equivocados. Qualquer pessoa que possui um cérebro (mesmo que sem o manual de instruções) é capaz de realizar as mesmas incríveis demonstrações de domínio da memória que faço.

Olhe para a bola

Tênis está entre meus esportes favoritos. Se você joga tênis, provavelmente seu técnico já lhe disse milhares de vezes que você deveria "olhar bem para a bola", antes de rebatê-la. No entanto, isso é fisicamente impossível! Durante uma partida de tênis, a velocidade da bola sempre ultrapassa a velocidade de nosso pensamento consciente em, ao menos, meio segundo. Esse atraso em nosso pensamento acontece porque a imagem capturada pela retina leva um décimo de segundo para chegar ao nosso cérebro e outros 400 milissegundos para que consigamos formar uma percepção consciente da bola. Se os jogadores de tênis realmente "olhassem para a bola", a mesma atingiria a quadra antes mesmo que eles pudessem mover suas raquetes.

Outra situação em que nosso cérebro mostra seu poder é durante uma de nossas mais triviais atividades: atravessar a rua. Você já parou para pensar sobre como atravessar a rua é algo complexo? Antes de atravessar a rua, você calcula em fração de segundos:

- a velocidade instantânea de cada carro;
- a identificação do tipo de movimento de cada carro (uniforme, acelerado ou retardado);
- a distância até o outro lado da rua;
- o tempo disponível para atravessar a rua;
- a velocidade que você deve utilizar para conseguir atravessar a rua sem ser atingido.

Após realizar todos esses cálculos, somos capazes de atravessar com segurança.

Ainda que atingir uma bola de tênis ou atravessar a rua sejam feitos realmente incríveis, eles são apenas exemplos das tarefas fantásticas que nosso cérebro é capaz de realizar.

Na Grécia antiga, as pessoas ficavam tão impressionadas com os poderes da mente humana, que atribuíam esse poder a uma entidade separada do ser humano: os *daemons*. Os *daemons* eram espíritos enviados por Zeus para auxiliarem as pessoas, seja dando conselhos ou agindo em benefício dos homens.

Os romanos costumavam chamar esses espíritos sábios de *genii* (gênio). Assim, os povos da antiguidade atribuíam toda sua sabedoria e inspiração à existência desses espíritos.

No entanto, essa visão não é tão distante da realidade. O matemático John von Neumann uma vez calculou que o cérebro humano poderia armazenar um número acima de 280 quintilhões – 280.000.000.000.000.000.000 – de bits de memória. Estima-se que nosso cérebro tenha 10^{12} neurônios e que o número das possíveis combinações entre eles (sinapses) seja maior que o número de partículas do universo.

Em contrapartida, ainda que tenhamos um verdadeiro computador em nossas cabeças, muitos de nós têm dificuldade em realizar multiplicações envolvendo números de apenas dois dígitos sem utilizar a calculadora ou até mesmo se lembrar do número do próprio celular. Dado o desleixo intelectual de nossa geração, acabamos contemplando gênios como Albert Einstein ou Leonardo da Vinci da mesma maneira que os povos antigos: como se fossem seres dotados de poderes sobrenaturais.

Performance e potencial

Conforme visto até agora, o cérebro tem um potencial incrível. No entanto, grande parte das pessoas é muito cética em relação a todo esse potencial, alegando que se o cérebro fosse tão poderoso, por que tão poucas pessoas realmente mostram esse potencial?

Tony Buzan, criador dos mapas mentais e dos campeonatos de memória, fez uma pesquisa na qual os sujeitos deveriam responder cada uma das perguntas a seguir. Abaixo de cada pergunta está a resposta encontrada em mais de 95% de todos os relatos de participantes da experiência.

• Na escola, já lhe ensinaram alguma coisa sobre o cérebro, suas funções e a maneira como ele compreende novas informações, memoriza, pensa etc.?
Não.

• Você já aprendeu alguma coisa sobre como a memória funciona?
Não.

• Você aprendeu alguma coisa sobre mnemotécnica?
Não.

• Você aprendeu alguma coisa sobre como os olhos funcionam e como utilizar esse conhecimento em seu benefício?
Não.

• Você aprendeu alguma coisa sobre a natureza da concentração e maneiras para exercitá-la?
Não.
• Você aprendeu a importância de utilizar palavras-chave em suas anotações?
Não.
• Você aprendeu algo sobre criatividade?
Não.

De acordo com as respostas listadas anteriormente, creio que não deva existir mais qualquer dúvida sobre o motivo pelo qual o potencial de nossos cérebros não corresponde à performance alcançada pela maioria das pessoas.

Os gênios

De acordo com a psicologia, gênios são pessoas que produzem uma obra de valor inestimável e capaz de mudar os paradigmas da humanidade. Mas o que tornaria um gênio tão diferente de nós? Seriam eles mais inteligentes? A psicologia entende a inteligência como uma capacidade muito geral que permite raciocinar, planejar, resolver problemas, pensar de maneira abstrata, compreender ideias complexas e aprender. É óbvio que existem pessoas mais inteligentes que outras – pessoas agraciadas pela loteria que a genética promove a cada nascimento. Também é inegável que uma inteligência alta é preditora de um grande sucesso pessoal e acadêmico. No entanto, seria a inteligência a única explicação para certas pessoas serem tão fantásticas em seus campos de atuação? Você certamente discordaria disso se desse uma olhada no boletim escolar ou no histórico profissional de alguns dos grandes cientistas de nosso passado.

Raramente um grande cientista se destacava na infância. Muitos deles eram rotulados como lentos, incapazes ou até mesmo estúpidos. O renomado matemático Henri Poincaré foi julgado como imbecil após se submeter ao teste de QI de Binet. Thomas Edison, inventor da lâmpada e de outras 1.903 invenções, foi considerado lento na escola.

Albert Einstein, disléxico, também mostrava problemas de aprendizagem na infância, sendo considerado muito lento ao ser comparado com seus irmãos. Ele tinha tanta dificuldade com o uso da linguagem que sua família temeu que ele nunca aprendesse a falar. Assim, devido a essa dificuldade, seu professor de grego uma vez lhe disse que Einstein nunca seria capaz de ser alguém na vida. No entanto, aos 26 anos de idade, ele surpreendeu a comunidade científica ao publicar, no verão de 1905, a teoria da relatividade. Dezesseis anos mais tarde, ganhou o prêmio Nobel pela descoberta do efeito foto-elétrico, tornando-se não apenas uma celebridade internacional, mas também sinônimo de inteligência e dedicação.

Gênios em laboratório

A maioria das pessoas entende que os gênios são frutos da genética, e não do esforço. No entanto, na década de 1980, Marian Diamond, uma neuroanatomista da Universidade da Califórnia, em Berkeley, anunciou uma descoberta fantástica e capaz de revolucionar todos os paradigmas da época acerca da aprendizagem e dos gênios.

Em um de seus famosos experimentos, Diamond colocou ratos em um ambiente superestimulante, cheio de escadas, esteiras e outros brinquedos de todos os tipos. Um outro grupo de ratos ficou confinado em jaulas comuns. Aqueles ratos que viveram em um ambiente mais estimulante, além de viverem por três anos (o equivalente à 90 anos para os seres humanos), também tiveram seus cérebros aumentados. Esse aumento ocorreu em virtude das novas conexões criadas entre os diversos neurônios dos cérebros desses animais. Em contrapartida, os ratos que viveram nas jaulas comuns morreram mais jovens e tiverem menos conexões celulares em seus cérebros.

Desde a descoberta do neurônio, a genialidade sempre foi associada ao número de neurônios que cada indivíduo possuía. No entanto, no ano de 1911, Santiago Ramon e Cajal, pai da neuroanatomia, descobriu que, ao contrário do que se imaginava, o número de conexões entre neurônios (sinapses) era o verdadeiro preditore da genialidade. O experimento de Diamond, supracitado, mostrava que, ao menos em ratos, era possível criar gênios em laboratórios, por meio de exercícios mentais.

Será que esses princípios se aplicariam às pessoas? Era o que Diamond queria descobrir. Ela obteve diversos cortes do cérebro de Albert Einstein e os examinou. Conforme suas expectativas, Diamond encontrou um número maior de células gliais no lobo parietal esquerdo de seu cérebro deste. As células da glia, geralmente chamadas neuróglia ou simplesmente glia (do grego, *cola*), são células não neuronais do sistema nervoso central que proporcionam suporte e nutrição aos neurônios. Geralmente arredondadas, no cérebro humano as células da glia são cerca de dez vezes mais numerosas que os neurônios. Além disso, essas células também ajudam na transferência de sinais eletroquímicos entre neurônios. Diamond já esperava encontrar uma alta concentração dessas células no cérebro de Einstein, visto que ela também encontrou uma alta concentração dessas células nos cérebros de seus "ratos gênios". A presença dessas células no cérebro do famoso físico sugeriria que um processo de enriquecimento similar ocorreu durante sua vida.

Ao contrário dos neurônios, que se reproduzem pouquíssimo ao longo de nossa vida, células gliais, axônios e dendritos podem aumentar em número com o passar dos anos, de acordo com a maneira que nós usamos nosso cérebro. O trabalho de Diamond sugere que, quanto mais aprendemos mais conexões são criadas.

Para que pensar?

Para você ter uma ideia, antes da invenção do primeiro alfabeto linear (por volta de 1700 a.C., pelos fenícios) todo o processo de transferência de informação era basicamente oral e, para tanto, esses povos precisaram desenvolver técnicas eficazes de memorização, de forma a assegurar sua unidade política, social e religiosa.

Assim, os povos antigos foram as mentes mais brilhantes que já surgiram no planeta. Atualmente existem diversas facilidades que coíbem nosso desenvolvimento intelectual. Há uns dias, perguntei a um amigo qual era o seu novo número de telefone celular. Em vez de me responder, ele disse: "só um minuto". Em seguida, consultou a agenda de seu aparelho, na qual havia cadastrado um telefone com o nome de "meu número". É claro que, por eu ser um campeão de memória, o fato rendeu umas boas risadas na nossa roda de amigos. No entanto, esse fato exemplifica claramente como nossa sociedade está pensando cada vez menos. Ainda que estejamos na era da informação, os seres humanos estão pensando cada vez menos.

Uma vez, em uma palestra, ao mostrar minha indignação perante essa preguiça mental que parece contaminar nossa sociedade, um senhor me fez a seguinte pergunta: "Mas, se eu posso anotar tudo no meu celular, para que iria me dar ao trabalho de guardar na cabeça meus compromissos ou números de telefone?" Ao contrário do que se pode imaginar, não pretendo voltar para a antiguidade. Eu realmente gosto das invenções da atualidade, como o computador e o celular. Desse modo, o que proponho não é o fim dos modernos equipamentos eletrônicos. Pelo contrário, se não fossem os avanços tecnológicos, eu dificilmente poderia me comunicar com Dominic O'Brien ou Ben

Pridmore, campeões mundiais de memória, para discutirmos sobre a criação de novas técnicas de memória para vencer os campeonatos de memória ou para quebrar a banca nos cassinos! O grande problema está no uso da tecnologia como muleta e não como ferramenta para o desenvolvimento humano. Quando começamos a utilizar essas muletas tecnológicas de maneira cada vez mais sistemática, tornamo-nos cada vez menos capazes de pensar e presas fáceis para as diversas doenças degenerativas, como Alzheimer e Parkinson.

Portanto, espero que nosso curso não o torne apenas capaz de passar nas provas ou nos concursos que você deseja, mas também faça sua vida mental cada vez mais saudável.

O QUE É A MEMÓRIA?

A memória é uma função "inteligente" que permite que seres humanos e animais se beneficiem da experiência passada para resolver problemas apresentados pelo meio. Proporciona aos seres vivos diversas aptidões, desde o simples reflexo condicionado até a lembrança de episódios pessoais e a utilização de regras para a antecipação de eventos.

A memória é normalmente entendida como uma fita de vídeo, como se todas as nossas experiências estivessem gravadas para sempre. No entanto, lembrar implica um processo ativo de reconstrução e não se assemelha a assistir a uma fita de vídeo do passado. De acordo com nosso interesse e envolvimento emocional, nossas memórias são continuamente modificadas, selecionadas, torcidas, construídas, reconstruídas e destruídas.

Alguns pesquisadores costumam falar em "códigos de memória" em vez de "memórias", porque dessa forma nos lembramos que a memória não é uma reprodução da realidade, e sim uma criação humana. Os "códigos de memória" não se diferenciam apenas em seu conteúdo. Apesar de concordarmos sobre o que seria um cachorro, a palavra "cachorro" evocará memórias diferentes em cada um de nós. Essas memórias diferenciam-se pelo conteúdo (conhecemos cachorros diferentes em toda nossa vida) e pela nossa relação pregressa com o animal (pessoas que já sofreram ataques caninos certamente evocarão memórias negativas ao ouvir a palavra "cachorro").

Suponha que você precise devolver um livro para um amigo chamado Rodrigo na UFMG, no dia 26 de setembro de 2007, uma quarta-feira. A seguir, vemos um exemplo dos códigos de memória envolvidos nessa intenção.

O que fará você se lembrar de devolver o livro? Acordar pela manhã e verificar no calendário o dia do mês (26 de setembro) pode lhe lembrar de devolver o livro. Você pode se lembrar de devolver o livro ao avistar a entrada da UFMG. Encontrar alguém com o mesmo nome de seu amigo (Rodrigo), também pode lhe remeter ao empréstimo. Avistar seu amigo é uma outra forma de se lembrar do livro emprestado, apesar de provavelmente não ser de muita valia, caso você não tenha se lembrado de trazê-lo consigo. Perceba que alguns códigos de memória são mais fortes do que outros. Dessa forma, o treino de sua memória é basicamente a criação de códigos de memória poderosos.

Estratégias externas e internas

Costumamos dividir as técnicas de memória em dois tipos: estratégias internas e externas de memória.

As estratégias externas dizem respeito à inserção de códigos de memória no próprio ambiente. Um exemplo desse tipo de estratégia é, na véspera de levar alguns documentos importantes para alguém, deixar os mesmos sobre a mesa. No dia seguinte, ao avistá-los, eles serão capazes de evocar a importância de levá-los consigo.

Em contrapartida, as estratégias internas dizem respeito à criação de uma codificação mais adequada da informação, como os processos mnemônicos, por exemplo.

Estratégias externas

Existem diversas maneiras de se otimizar o espaço físico para melhorar a memória:

• Estruturar o ambiente de forma a proporcionar maior concentração (isto é, algumas pessoas precisam de um certo nível de barulho no ambiente para poder se concentrar. No entanto, outras precisam de silêncio absoluto. Extremos de temperatura também atrapalham a memória. No entanto, entre esses extremos, certamente existe uma temperatura que é a ideal para você. Assim, o importante é: ter um ambiente adequado e utilizá-lo constantemente nessas condições ideais de memorização.

• Utilizar algum auxílio ambiental para facilitar a recordação, como por exemplo:

a. Anotar compromissos em uma agenda ou calendário e criar o hábito de utilizá-los de maneira sistemática;

b. Escrever nas costas da mão;
c. Utilizar diversos alarmes para lembrá-lo de suas atividades;
d. Colocar objetos em algum lugar conspícuo;
e. Colocar um pequeno nó no dedo indicador;
f. Organizadores gráficos – sistemas de anotação eficientes, que contêm diversos códigos visuais de memória, tornando a aprendizagem até cinco vezes mais rápida.

Auxílios mnemônicos no ambiente: dicas para o uso

No início deste livro, alertei sobre os problemas que a falta de trabalho intelectual pode causar. No entanto, isso não significa que nunca devemos usar de estratégias mnemônicas relacionadas anteriormente. Por exemplo, se você precisa tomar algum medicamento a cada quatro horas, não faz sentido algum utilizar recursos mnemônicos em vez de utilizar o despertador para lembrá-lo. O mesmo vale para a agenda. Se você possui uma vida muito atribulada, nada mais adequado do que utilizar uma agenda para se lembrar de seus compromissos. O grande problema é quando se confia nessas estratégias de maneira excessiva, tornando-se incapaz de memorizar qualquer coisa, por mais simples que seja. Assim, para lhe auxiliar em sua jornada em busca de sua supermemória, seguem os momentos ideais para o uso desses recursos visuais:

• Na ocorrência de um grande número de atividades distrativas entre a codificação mnemônica (momento em que se deseja memorizar) e o momento de evocação (momento em que se deseja evocar). Por exemplo, quando você, no início do expediente, decide ligar para alguém no final de sua jornada de trabalho.

• Quando existe um longo período entre a codificação mnemônica e a evocação. Por exemplo, na ocasião em que você precisa lembrar de inscrever-se para uma prova de algum concurso público que só ocorrerá daqui a três meses.

• Quando existe um momento preciso em que a lembrança deve ocorrer. Por exemplo, quando você precisa tirar o bolo do forno ou tomar um remédio.

• No momento em que as estratégias internas não são seguras o bastante. Por exemplo, quando alguém deixa um recado urgente que não pode ser esquecido.

• Quando precisar se lembrar de detalhes minuciosos. Por exemplo, quando você anota uma receita ou maneiras de como se resolver uma equação matemática.

• Quando houver sobrecarga da memória operacional. Por exemplo, no momento em que você está fazendo mais de uma coisa ao mesmo tempo e precisa memorizar alguma informação.

Estratégias internas

As estratégias internas dizem respeito às técnicas de aprimoramento de memória que favorecem o caminho da informação pelas redes neurais. São técnicas que ajudam a codificação do assunto a ser memorizado, facilitando o registro de informações. Grande parte deste livro tem por base estratégias internas, em que criamos códigos poderosos de memória, facilitando a evocação superior. Grande parte das técnicas aqui abordadas se encaixam nessa categoria.

Os riscos da multitarefa

Nós acreditamos sermos capazes de dirigir e falar ao celular ao mesmo tempo; estudarmos enquanto vemos tevê; navegar pela Internet enquanto conversamos com nossos filhos, esposa(o), colega de trabalho ou até mesmo escrever um *e-mail* enquanto falamos ao telefone, sem que qualquer uma dessas tarefas seja prejudicada. No entanto, isso não acontece! Ao contrário de nossos sistemas operacionais, capazes de executar diversas tarefas ao mesmo tempo, somos péssimos quando executamos mais de uma coisa simultaneamente.

Em seu livro *Quality Software Management: Systems Thinking*, Gerald Weinberg fez um cálculo sobre o tempo que é desperdiçado enquanto nos dedicamos a mais de uma tarefa ao mesmo tempo. Os resultados foram os seguintes:

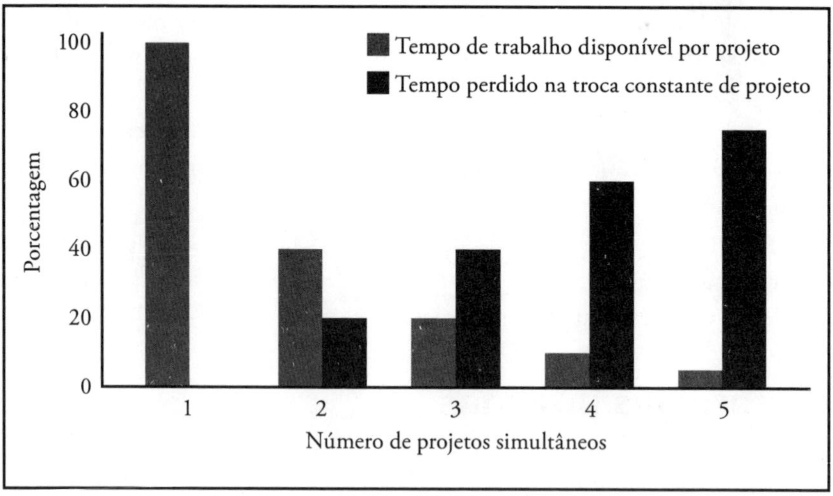

Gráfico 1.1.

Como se pode observar, a simples adição de mais um projeto diminui em mais da metade a eficiência do trabalhador. Para memorizarmos eficientemente, é importantíssimo que tenhamos atenção. Assim, se surge algo que realmente queremos armazenar, utilizando alguma estratégia interna, é essencial que nos dediquemos de maneira exclusiva à tarefa de memorizar.

O fenômeno da reminiscência

O fenômeno da reminiscência foi descoberto (por acaso, eu diria) em experiências que objetivavam quantificar o tempo que se leva para esquecer qualquer coisa. Como esperado, as experiências mostraram que qualquer informação adquirida precisa ser revista com frequência para não ser esquecida (nenhuma novidade até aqui).

Um psicólogo inglês, P. B. Ballard, no entanto, descobriu que algum tempo depois de a pessoa adquirir um conhecimento, sua fixação é maior que imediatamente após a aquisição. Não entendeu? Bem, vamos então ao experimento do psicólogo. Ele fez uma experiência envolvendo garotos de 12 anos acostumados a aprender poesia no colégio. Estabelecendo como "unidade" o número de palavras que as crianças eram capazes de lembrar imediatamente depois de haverem lido a poesia pela primeira vez, e dando a esse número o valor 100, eis o que o Dr. Ballard encontrou:

Imediatamente após a leitura	100
Um dia depois a média era	111
Dois dias depois a média era	117
Três dias depois a média era	113
Quatro dias depois a média era	112
Cinco dias depois a média era	111
Seis dias depois a média era	99
Sete dias depois a média era	94

Tabela 1.1.

Você pode perceber que nos cinco dias que se seguiram ao aprendizado o efeito da reminiscência aumentou o poder de memória das crianças um ponto além da memória original.

Utilizando o fenômeno da reminiscência

A primeira regra da reminiscência para o aprendizado (não apenas de números) é: um momento de descanso vale mais dois momentos seguidos de repetição. Depois de haver repetido a informação a ser memorizada, faça uma pequena pausa e repita-a outra vez. Depois, faça outra pausa e repita o processo. Cada pausa permite que o fenômeno da reminiscência atue, aumentando a probabilidade de que você se lembre mais tarde.

Assim, nada de ficar repetindo fórmulas matemáticas ou leis como um papagaio! Mais tarde falaremos sobre os *flash cards*, outra aplicação do fenômeno da reminiscência.

Memória fotográfica

O que tornaria minha memória e de outros mentatletas algo tão excepcional? Será que somos dotados da chamada memória fotográfica? Achar que o cérebro é capaz de guardar impressões instantâneas e conservá-las com perfeição, como se fosse um pedaço de filme fotográfico, é uma ideia equivocada.

Se você está convencido de que uma pessoa que possui uma boa memória é dotada de uma habilidade "fotográfica", está acreditando em uma coisa fantástica. Peça a qualquer pessoa que afirme possuir uma "memória fotográfica" para olhar rapidamente para uma página do catálogo telefônico e depois repetir tudo o que está escrito. Ou então, peça para ela olhar uma foto rica em detalhes por apenas um ou dois segundos e depois descrever tudo o que vê. Isso é impossível, a não ser que a pessoa estude cuidadosamente a página, aplicando todos os princípios básicos de memória expostos neste livro.

A ideia de "memória fotográfica" nasceu da falta de compreensão dos princípios da memória e do significado da palavra "fotográfica". Para uma pessoa comum que assiste a uma das minhas demonstrações de memória na TV, a única explicação parece ser a de que o indivíduo possui uma "memória fotográfica". No entanto, todos os meus feitos de memória são conseguidos graças a truques de memória, que têm por base algum método que envolva associação de ideias – algo que você mesmo será capaz de aprender.

Imagens mentais

Ao longo de nosso curso, você aprenderá a criar imagens mentais que tornarão sua memória muito poderosa. Feche seus olhos e imagine um sorvete de morango ou um elefante cor-de-rosa. Se somos capazes de criar mentalmente imagens tão vívidas, o que as diferenciariam de uma memória fotográfica? Porque essa imagem visual não é tão nítida quanto uma fotografia.

Imagine que você examine todos os detalhes de um quadro, com exceção de um e que eu lhe faça uma pergunta justamente a respeito desse pormenor. Você não poderia responder, por se tratar de um detalhe que não notou, e, portanto, não gravou. Se você dispusesse de uma fotografia do quadro, poderia examiná-la e responder facilmente à pergunta.

Assim seria a "memória fotográfica" – se ela existisse. Você poderia examinar com os "olhos da mente" a "fotografia" do que viu e observar algo em que não havia reparado antes.

A menos que você haja estudado aquele pormenor e o haja incluído na imagem visual, não poderá responder a minha pergunta. As imagens visuais não são tão completas quanto uma fotografia – e nunca serão, a menos que se faça um esforço especial para estudar cada detalhe do quadro.

As pessoas que dizem possuir uma "memória fotográfica", ou que têm a fama de possuir este dom, têm sido estudadas em laboratórios, sob condições controladas. Os resultados mostram que essas pessoas não dispõem de memória fotográfica. Não podem responder a perguntas a respeito de coisas em que não repararam.

Essas experiências têm mostrado que as pessoas só conseguem utilizar seus poderes de memória nos aspectos do assunto que decidiram memorizar. Por exemplo, um indivíduo era capaz de repetir corretamente diversos pares de palavras. No entanto, se no meio da experiência se pedia a ele que dissesse apenas a segunda palavra de cada par, atrapalhava-se todo.

Outra experiência que prova que a memória eficiente não é um processo fotográfico consiste em mostrar ao indivíduo palavras escritas em diferentes cartões coloridos. Ele é capaz de se lembrar das palavras, mas, se não houver nenhum aviso prévio de que as cores fazem parte do teste, encontrará grande dificuldade em associar cada palavra à cor do cartão correspondente.

Conforme dito anteriormente, há uma exceção para a afirmação de que a memória fotográfica não existe. Algumas crianças têm uma imagem muito nítida pouco depois do momento em que viram alguma coisa. Trata-se de um fenômeno semelhante ao eco de memória, que discutimos anteriormente.

Essas crianças, geralmente com idade inferior a 13 anos, podem olhar para uma cena e realmente vê-la quase como uma fotografia alguns instantes após a visão original. Embora se trate de uma imagem nítida, não corresponde exatamente à realidade. Descobriu-se que essa imagem é moldada e distorcida pelos interesses da criança. Se uma coisa na cena as interessa particularmente, a imagem será maior que o tamanho real. Esta também pode ser interpretada diferentemente, de acordo com os interesses e as ideias da criança.

O eco – chamada de imagem eidética – persiste por apenas alguns segundos depois de sua visão original. Não se trata (como na suposta "memória fotográfica") de uma memória permanente.

A imagem eidética é um fenômeno mais comum no fim da infância, desaparecendo durante a adolescência.

O que isso significa?

Quanto maior o significado, melhor a memória. Independentemente do que você deseja memorizar, isso somente será possível se a informação a ser adquirida fizer algum sentido para você.

A mulher de um jogador de futebol pediu-lhe certa vez para que não se esquecesse da data de aniversário de casamento do casal.

– Acha que me esqueceria daquele dia? – respondeu o jogador. – Foi o dia em que fiz meu primeiro gol de bicicleta.

Você se lembrará muito melhor das coisas se lhes der um significado. Ao longo de nosso curso você será capaz de criar códigos de memória cada vez mais fantásticos. A criação de significado para as informações intangíveis é parte importante desse processo.

- Como nomes e rostos de pessoas podem possuir um significado?
- Como encontrar significado em uma lista de compras ou de afazeres diários?
- Qual o significado dos diversos números e códigos que preciso memorizar em minha empresa?
- Existe um significado para cartas de baralho?

A lista de perguntas é infindável. Estou certo de que você pensou em pelo menos uma pergunta desse tipo. Ao longo de nosso curso, você aprenderá a dar um significado a qualquer coisa que deseje memorizar.

Tipos de memória

Uma classificação habitual é aquela feita de acordo com o tempo transcorrido entre a aquisição dos tipos de memória e o momento em que são evocados: memória imediata (segundos, minutos), recente (horas ou poucos dias), remota (semanas, meses, anos). De acordo com o tipo de informação, alguns autores costumam classificar as memórias como declarativa ("saber que") e de procedimentos ("saber como"); ou semântica (a linguagem) e episódica (memória de eventos ou episódios).

No entanto, todas essas diversas classificações são recursos puramente didáticos, visto que não existem evidências conclusivas de que os diversos tipos de memória correspondam a processos químicos diferentes.

Por que esquecemos?

James McGaugh, diretor-fundador do Centro de Neurobiologia de Aprendizado e Memória, costuma dizer que um dos aspectos mais notáveis da memória é o esquecimento. Esquecer é normal e necessário. Sholem Asch, famoso escritor polonês radicado nos Estados Unidos, costumava dizer que "não é o poder de se lembrar, mas justamente o contrário, o poder de se esquecer, que é uma condição necessária para nossa existência". Muitas de nossas memórias nos incomodam, como os medos, as humilhações ou as perdas. Outras nos prejudicam, como as fobias, o estresse pós-traumático ou até mesmo transtornos obsessivos compulsivos.

Biologicamente, o esquecimento é explicado pela saturação dos mecanismos de memória. Seu cérebro é bombardeado com milhões de bits de informações diariamente. Imagine como seria confusa nossa vida se guardássemos todas essas informações? Nós lembramos apenas o que julgamos importante o suficiente para não esquecermos. A mente escolhe qual informação não é importante e imediatamente a descarta. No entanto, como deixar de esquecer o nome dos nervos cranianos, notas importantes do direito administrativo ou mesmo a localização da chave de sua casa?

Você tem memória fraca?

É comum as pessoas reclamarem diariamente de suas memórias. No entanto, a maioria das falhas cotidianas de memória deve-se principalmente à falta de zelo na criação dos códigos de memória, e não por uma falha cognitiva.

Confiança

Uma grande razão para a falta de uso de estratégias mnemônicas deve-se ao fato de as pessoas estarem geralmente convencidas de que têm uma memória péssima. Essa crença ocorre pois as pessoas ouvem desde a infância que a memória é algo muito falho. Outra razão para a desconfiança na memória é o avanço da idade. Adultos mais velhos costumam justificar a falha da memória como um resultado inevitável do passar do tempo.

Um fato interessante é que existe uma relação muito pequena entre o grau de insatisfação com a memória e sua verdadeira habilidade em se lembrar. Estudos nos mostram que as pessoas que geralmente reclamam muito da memória não se esquecem com mais frequência do que as pessoas que não têm problemas com sua memória. (HERMANN, 1982)

Atualmente sou considerado uma das melhores memórias do mundo simplesmente porque confio em minhas habilidades e sei da necessidade de se criar códigos de memória poderosos.

Monitorando a memória

O monitoramento da memória é um hábito que está por trás de todas as estratégias mnemônicas. Se você não monitora a qualidade dos códigos de memória utilizados no seu dia a dia, como poderá reconhecer a necessidade da aplicação de alguma estratégia mnemônica?

As crianças não possuem o hábito de monitorar sua memória. Apesar de terem bastante confiança em sua habilidade em lembrar, elas não costumam reconhecer a necessidade do uso de estratégias mnemônicas. Costumam raciocinar da seguinte maneira: "se lembro agora, por que não lembraria depois?" Com o passar do tempo, as crianças percebem que a memória pode falhar e aprendem a lidar com isso. O monitoramento da memória é um hábito instintivo. Quantas vezes você já não se viu criando músicas ou histórias mirabolantes para poder se lembrar de uma fórmula matemática ou um evento histórico importante?

Observação

A observação está por trás de qualquer código eficiente de memória. Infelizmente o ser humano não é observador por natureza. A prova disso é uma brincadeira proposta por Harry Lorayne em um de seus livros: "Você possui um relógio de pulso analógico? Caso positivo, cubra-o e responda: O número 6 de seu relógio está escrito com algarismos arábicos ou romanos? Descubra seu relógio e veja se você acertou." Caso você tenha errado, não se preocupe. Em todas as minhas palestras pelo Brasil, pouquíssimas são as pessoas que respondem com convicção e de maneira correta (engraçado que muitos dizem com convicção a resposta errada). Agora que você sabe como é escrito o número 6 em seu relógio, cubra-o novamente. Que horas são nesse exato momento? Mais uma vez sua falta de observação provavelmente lhe enganou. Criar o hábito de observarmos mais as coisas ao nosso redor irá tornar nossa memória bem melhor.

Interesse

O interesse é o principal pilar da memória. Nós memorizamos com bastante facilidade tudo aquilo que nos interessa.

A história de um soldado que voltou de uma longa missão no exterior mostra claramente como um interesse "especial" estimula inconscientemente a memória.

Um soldado voltava de uma missão e foi recebido no aeroporto por sua noiva. Enquanto esperavam a bagagem, ele apontou para a linda moça que viera no avião.

– É a senhorita Tracy.

– Como sabe o nome dela? – perguntou a noiva.

O soldado então explicou à noiva que o nome dela aparecia junto ao do piloto e do co-piloto na porta da cabina de comando.

– Querido – perguntou ela –, como se chama o piloto?

Note que a memória funciona automaticamente de modo a ajudá-lo a lembrar. Você se lembra das coisas que deseja lembrar e esquece as coisas que não lhe interessam tanto. Se você esquece de pagar uma conta, provavelmente é porque, em seu íntimo, você realmente não deseja pagá-la. Vejo muitas mães me procurarem dizendo que estão preocupadas com os filhos, pois eles têm uma memória muito ruim e andam tirando muitas notas baixas no colégio. Estranho eles terem memória tão ruim e serem capazes de escalar o time de futebol que torcem, evocar com precisão toda a saga de Dragonball Z ou qualquer outro assunto do interesse deles. Os seres humanos, independentemente da idade, têm excelente memória, mas, muitas vezes, são desinteressados por assuntos realmente importantes. Quando devemos memorizar algo importante, mas desinteressante, devemos criar o que chamo de motivo de memória.

A arte da memória

A mnemotécnica, do grego *mnemo*, que significa memória, e *techne*, arte, é a arte que procura, por meio de regras e métodos, aumentar as faculdades naturais da memória. Trata-se de um método científico para criar uma memória artificial, mas superpoderosa.

A importância da memória entre as qualidades intelectuais tem sido reconhecida desde a mais remota antiguidade, e a mitologia grega, com todo o seu fabuloso conhecimento sobre os vícios e as virtudes humanas, reconhecia a memória como a base de todo o tipo de conhecimento.

Conta a lenda que, após a vitória dos deuses do Olimpo sobre os Titãs, foi solicitado a Zeus que se criassem divindades capazes de cantar a vitória e perpetuar a glória dos Olímpicos. Desse modo, Zeus dormiu por nove noites consecutivas com Mnemósine (deusa da memória), que deu à luz as nove musas: Clio, a musa da história, Euterpe, musa da poesia lírica, Tália, musa da comédia, Melpômene, a musa da tragédia, Terpsícore, musa da poesia lírica e da dança, Érato, musa da poesia amorosa, Urânia, musa da astrologia, Polímnia, musa da música cerimonial, e Calíope, musa da poesia épica e da eloquência.

No tempo dos gregos e romanos, as técnicas de memorização eram amplamente utilizadas por políticos e advogados. Esses profissionais eram olhados com desprezo se não conseguissem memorizar os longos discursos que faziam com frequência; para eles, era importante descrever os complexos meandros de uma argumentação e emocionar a audiência.

A arte da memória foi documentada pela primeira vez por Cícero em seu livro *De oratore*, no qual ele institui a memória como uma das cinco partes da retórica. Cícero inicia nos contando a seguinte história:

Em um banquete oferecido na Tessália por um nobre de nome Scopas, em homenagem a seus feitos nos jogos olímpicos, o poeta Simônides de Ceos cantou um poema em homenagem ao anfitrião, incluindo, no entanto, uma passagem dedicada a Castor e Pollux. Após o ato, Scopas avisou o poeta de que lhe pagaria apenas metade da soma acordada relativamente ao canto do panegírico, e o resto ele o deveria pedir aos deuses gêmeos a quem ele dedicara metade do seu poema. Pouco depois, chegou um recado a Simônides que lhe indicava estarem dois jovens à sua espera fora do edifício. Levantou-se, saiu, mas não conseguiu encontrar ninguém. Durante sua ausência, o telhado do edifício ruiu, esmagando Scopas e todos os seus convidados. Os cadáveres ficaram tão mutilados e desfeitos que os familiares foram incapazes de os reconhecer. No entanto, Simônides lembrava-se dos lugares em que cada um estava sentado à mesa e, assim, conseguiu indicar aos familiares quais eram os seus mortos. A chamada dos jovens invisíveis Castor e Pollux tinha graciosamente pago a sua dívida ao poeta pelo panegírico, fazendo-o evitar a morte.

Essa teria sido a experiência que sugeriu ao poeta os princípios da arte mnemônica, do qual se diz ter sido Cícero o inventor.

Segundo Cícero, a memória artificial seria estabelecida a partir de locais e imagens, a definição do guardado para ser repetido pelos tempos. Um local é um lugar facilmente apreendido pela memória, como uma casa, um espaço entre colunas, um canto, um arco etc. A informação a ser memorizada seria codificada em imagens e formas, marcas e simulacros (*formae, notate, simulacra*) daquilo que queremos lembrar. Por exemplo, se queremos lembrar de um cavalo, de um leão, de uma águia, devemos colocar suas imagens em determinados lugares.

"A arte de memória é como uma escrita interna (...) os locais são como tábuas de cera ou papirus, as imagens como letras, o arranjo e a disposição de imagens, como o script, e a fala, a recitação, como a leitura... Os lugares permanecem na memória e podem ser usados novamente, muitas vezes... Bastante já foi dito de lugares. Agora vamos para a teoria das imagens. (...) há dois tipos de imagens, uma para coisas (res), e uma para palavras (verba). Isto quer dizer, memória para coisas forma imagens para lembrar de um argumento, noção, ou uma coisa; mas memória para palavras tem que achar imagens para lembrar de cada palavra."

Rhetorica ad Herenium, de Cícero.

A arte da memória consistia basicamente em fixar na imaginação um ambiente composto de uma série de lugares, para que posteriormente se pudesse distribuir por todos esses lugares diversas imagens referentes a tudo aquilo que se fosse lendo ou ouvindo. Depois, bastaria repassar mentalmente aqueles lugares por sua ordem, a fim de resgatar a lembrança das coisas que neles foram colocadas. Por fim, restaria apenas "decodificar" as imagens, transformá-las novamente em palavras ou sons.

Os gregos costumavam atribuir à memória dois princípios importantes: a imaginação e a associação.

Atualmente, nos campeonatos de memória, expandimos esses princípios em oito:

1. Localização

Quando se perde algum objeto importante, a primeira coisa que vem a nossa mente é: "onde estávamos". Se for criar alguma imagem substitutiva para memorização, o ideal é que elas estejam ambientadas em locais que você conheça bem. Imagens soltas costumam ser facilmente esquecidas em virtude da falta de códigos poderosos de memória.

2. Sinestesia

Cada um de nossos cinco sentidos possui códigos independentes de memória. Ou seja, se você memorizar uma poesia pela evocação e posteriormente fizer um mapa mental sobre a poesia, criará dois códigos de memória, totalmente independentes um do outro.

3. Movimento

Em qualquer associação mental, ao imaginarmos movimentos amplos e rápidos, nossa fixação é bem maior.

4. Simbolismo

Substitua palavras abstratas ou termos técnicos por palavras que sejam fácil de imaginar. Assim, se lhe for pedido para memorizar a palavra paz, é melhor imaginar uma pomba. Caso queira memorizar a palavra violência, imagine um revólver ou algo que lhe remeta à violência.

5. Sensualidade

Todos nós temos uma excelente memória nessa área. Não se sinta constrangido ao utilizá-la.

6. Humor

Imagens divertidas são mais facilmente retidas na memória. Se divirta com suas imagens mentais.

7. Desproporção/Exagero

Imagens fora de proporção ou ilógicas fixam-se mais facilmente em nossa memória. Exemplo: se você for imaginar um elefante e uma barata, coloque a barata em um tamanho gigantesco e o elefante minúsculo.

8. Cores

Sempre que possível, torne suas imagens o mais coloridas possível para facilitar sua retenção.

Assim, a criação de códigos poderosos de memória implica a criação de imagens mentais o mais vívidas possível. Lembra-se do ditado que dizia que uma imagem vale mais do que mil palavras. Se ela seguir as normas listadas anteriormente, ela valerá bem mais do que isso.

ESTRATÉGIAS INTERNAS

"A vantagem de ter péssima memória é divertir-se muitas vezes com as mesmas coisas boas como se fosse a primeira vez."
Friedrich Nietzsche

ONDE ESTÁ AQUELE CHEQUE?

A distração é provavelmente a mais comum de todas as pequenas aflições do dia a dia. Incontáveis vezes, todos nós já "esquecemos" de dar um recado, pagar uma conta, mandar um cartão de aniversário ou até mesmo onde colocamos nossos óculos. Quantas vezes você já guardou algo muito valioso em um local seguro e algumas horas depois se desesperou por não encontrá-lo? Albert Einsten é famoso não apenas por sua genialidade, mas também por sua capacidade de distrair-se, já esquecendo um vultoso cheque perdido dentro de um livro.

Pense por alguns instantes com que frequência você vê pessoas procurando pela chave da porta de casa, pela carteira, pelo guarda-chuva, pelo talão de cheques ou mesmo por uma caneta que "estava há pouco em minha mão". Essas situações podem ser um pouco irritantes e devastadoras. Se você coloca, sobre a estante, um jornal ou uma caneta, e subsequentemente se "esquece" onde os colocou, você pode se irritar um pouco. Mas, considere o caso de alguém que fez os seis pontos na mega-sena e perdeu o bilhete? Não são raros casos como esses.

Existem muitas ocasiões nas quais a distração pode ser embaraçosa e custosa. Se você precisa pagar uma conta e se esquece, provavelmente terá de pagar mais tarde com multa e juros inclusos. Vamos a outro exemplo. Imagine que, após anos de espera, surge o concurso público que você tanto aguardava. Você teria todas as condições de passar, mas, infelizmente, se "esqueceu" de fazer a inscrição ou então de comparecer ao local da prova no dia determinado.

Muitas pessoas têm seus próprios métodos para lidar com a distração. Alguns infestam o computador e a geladeira de recados em *post-it.* Outros amarram um pedaço de pano ao dedo ou ainda escrevem todas as tarefas no próprio braço. O problema com esses métodos é que, se utilizados da maneira incorreta, não funcionam – você gasta horas olhando para o nó em seu indicador, confabulando sobre o que precisava se lembrar ou tentando decifrar os hieróglifos borrados em seu braço.

Neste capítulo, abordaremos métodos simples e sistemáticos para evitar a distração, criando códigos de memória poderosos.

Diferentes tipos de domínios de memória

Você pode se lembrar de todo Código Civil ou Penal, mas isso não o tornará capaz de se lembrar de trazer pães na volta para a casa. Ainda que você seja capaz de memorizar um baralho em menos de um minuto, também não terá a garantia de se lembrar do aniversário da namorada ou da consulta com o dentista.

Não existe qualquer relação entre a sua memória para fatos e sua memória para ações futuras e para intenções.

Memória não é uma coisa

A memória tem sido comparada com um armário, uma livraria ou, ainda, com um computador. Apesar de ser capaz de armazenar diversas informações, a memória não é simplesmente um depósito. Memória não é uma coisa, e sim um processo.

Diferentes tipos de informação são tratados de modos diferentes em nossa memória. Você acha que uma lei qualquer é armazenada da mesma forma que um trecho de alguma música em nossa memória? Ou da mesma forma como nos lembramos da(o) namorada(o) ao sentir alguém usando o mesmo perfume que ela(e) usa diariamente? Ou, até mesmo, da forma como lembramos que o número 1.202 vem depois do número 1.201?

Nós temos memórias que envolvem sentidos diferentes. Também temos memórias que envolvem o passado e memórias que envolvem o futuro. Temos memórias de fatos, de pessoas, daquilo que gostamos ou detestamos. Existem memórias de diversos tipos e que pertencem a classes diferentes. Os especialistas costumam chamar essas classes de domínios. Portanto, existe um domínio para fatos, pessoas, eventos, habilidades e um domínio para futuras ações e intenções. Desse modo, para melhorar a memória para ações futuras e intenções é preciso que você entenda como esse tipo funciona.

Gatilhos de memória

Para lembrar-se de algo aprendido ou de experiências passadas geralmente utilizamos gatilhos de memória. Quando avistamos um amigo, diversos gatilhos de memória são disparados: nome, profissão, idade... A pergunta "qual a capital do Brasil?" engatilha a informação armazenada "Brasília". Lembramos da(o) nossa(o) namorada(o) quando passamos por uma loja e sentimos certo perfume, porque sentir o perfume da pessoa amada é um poderoso gatilho de memória.

Uma vez fui ministrar uma palestra sobre técnicas de estudo e memória no colégio em que estudei durante a minha infância. Foi incrível a quantidade de gatilhos de memória que surgiram quando entrei na escola.

Mesmo que aparentemente alguma memória surja em nossas mentes sem qualquer motivo aparente, é provável que houve algum gatilho de memória responsável por essas lembranças. Por conseguinte, surge a primeira regra em busca de uma supermemória: se você deseja se lembrar de fazer algo, concentre-se no gatilho de memória, e não na intenção propriamente dita. Pesquisas têm mostrado que, ao contrário do que se imagina, não existe tanta relação entre a importância dada a um evento futuro e sua capacidade de se lembrar dele, a não ser, é claro, em casos extremos.

Memorização e decoreba

Frequentemente me fazem a seguinte pergunta: "Para que memorizar se eu posso entender?" Ou então já soltam o comentário: "Sinceramente, não consigo memorizar, preciso entender antes." Esses comentários são ingênuos, pois memorização e decoreba são coisas completamente distintas. Ao contrário do que se possa imaginar, esses comentários não são exclusividade no senso comum. Uma vez, li em uma reportagem que "especialistas em educação criticavam o uso de técnicas mnemônicas, visto que elas eram fruto de um descaso com o ensino." É uma pena que Cícero não tenha podido ler isso – ainda que haja tempo para que, aqueles que proferiram essas críticas, possam lê-lo.

Técnicas de memorização referem-se à incorporação de mais gatilhos de memória, facilitando a evocação de qualquer assunto aprendido anteriormente. Veja que não existe sentido em utilizar técnicas de memorização sem que haja o entendimento prévio do assunto a ser memorizado, visto que, sem o entendimento adequado, é praticamente impossível criar gatilhos de memória eficientes. Assim, ao utilizar um mapa mental para se lembrar das aulas de Direito, o aluno simplesmente cria novos códigos visuais para uma informação já aprendida anteriormente, evitando o esquecimento. Ao se evocar o material estudado, o estudante mais uma vez faz uso de técnicas de memorização, incorporando novos códigos (o som de sua própria voz) à rede de informações em que o assunto está inserido.

A decoreba refere-se à criação de códigos ineficientes de memória. Desse modo, pela repetição pura e simples, o estudante tenta apreender muita informação em um curtíssimo espaço de tempo. Esse é um método completamente equivocado de se adquirir novos conhecimentos, pois, sem o entendimento, não é possível criar uma rede eficiente de memorização. Logo, o aluno que se utiliza da decoreba é incapaz de se articular adequadamente sobre o assunto decorado. Felizmente, minha proposta não é essa – ainda que muitos "especialistas em memorização", sem qualquer formação acadêmica na área, indiquem que memorizar algumas palavras-chave possa resolver qualquer problema de memória.

É difícil se lembrar de intenções

Infelizmente é mais difícil se lembrar de intenções e eventos futuros, uma vez que na maioria das vezes não podemos nos dar ao luxo de esperar que surja algum gatilho de memória que nos remeta à lembrança desejada. Se precisarmos comprar uma blusa nova, nem sempre podemos esperar que avistemos no shopping a blusa desejada. Analogamente, não podemos também esperar que cortem a luz ou a água de nossa casa para lembrar-nos de pagar as contas mensalmente.

É mais difícil lembrarmos de ações futuras quando elas fogem de nossa rotina. Lembrar-se de alimentar os peixes de seu aquário geralmente não é um problema, visto que é algo que você faz diariamente. No entanto, lembrar-se de alimentar os peixes dos vizinhos quando eles estão viajando realmente é bem mais complicado.

Lapsos rotineiros não são falhas de memória

O esquecimento de ações corriqueiras geralmente não é falha de memória, e sim de atenção. Podemos listar como tipos de lapsos de memória:

- Ações que você já esqueceu de ter feito, como checar se a porta de sua casa está fechada ou se o carro está com o freio de mão puxado, mesmo que já tenha feito essas ações.
- Ações substitutivas, como quando você joga a banana no lixo em vez de jogar a casca.
- Ações incompletas, como quando você coloca a panela no fogão e se esquece de acender o fogo ou quando coloca a forma de gelo vazia no congelador.

Nenhuma dessas ações é causada por lapsos de memória, visto que você percebe claramente, logo após o ocorrido, que o que está fazendo não está de acordo com o seu objetivo inicial. O primeiro tipo de erro – duvidar sobre uma ação já tomada – ocorre principalmente quando a ação é parte de nosso dia a dia e é executada automaticamente. Uma dica para evitar esse tipo de distração é simplesmente prestar atenção. No entanto, também existem outras técnicas para essas situações.

Como se lembrar de intenções

Você encontra-se distraído quando toma alguma atitude inconscientemente, sem pensar. A distração não tem qualquer relação com a memória. A prova disto é que grandes professores em universidades e cientistas, dotados de grande memória, tendem a ser distraídos por darem tanta atenção a seu trabalho, esquecendo o mundo que os cerca.

A solução? Pode parecer idiota, mas basta que você preste atenção no que está fazendo. E claro que falar é fácil, mas como você pode ter certeza de que vai se esforçar para se concentrar em tudo o que faz em situações corriqueiras da rotina?

Inicialmente, reflita sobre os tipos de distrações que você está acostumado a ter. Quais deles são realmente frequentes e irritantes? Para esses, você precisa criar um gatilho de memória para lembrar-se de sua ação futura.

Em seu livro *Remembering intentions*, a Drª Fiona McPherson nos dá um exemplo bem interessante sobre bons hábitos de memória.

Todas as manhãs, ela inicia o dia com dois copos de água morna com suco de limão. Lembrar-se disso realmente não é um problema, visto que é um de seus hábitos diários. No entanto, o problema surge quando ela se questiona se já tomou os dois copos ou se ainda falta um. Apesar de soar idiota, esse tipo de atitude é muito comum, principalmente quando fazemos várias coisas ao mesmo tempo.

Então, para ter certeza de que tomou o segundo copo ela apenas remove os limões espremidos da pia após beber o segundo copo. Se surgir alguma dúvida sobre ter tomado os dois copos, basta dar uma olhada na pia: se ainda estiverem lá os limões espremidos, ainda precisa tomar o segundo copo. Esse é um bom exemplo de um uso correto de estratégias externas de memória.

Também é possível se livrar da distração utilizando estratégias internas de memorização. Para isso, basta criar alguma associação consciente que lhe remeta ao evento futuro. Por exemplo, muitos se aborrecem por esquecer de pagar alguma conta de telefone que vence no dia corrente. O primeiro passo em busca do fim da distração é decidir o que você faz, ou vê, no último momento antes de sair de casa. Quanto a mim, é a fechadura da porta, visto que devo trancá-la antes de sair. Para lembrar-me de pagar as contas, devo criar uma associação que envolva todos os princípios do primeiro capítulo entre contas de telefone e a fechadura da porta de casa. O local mais indicado para essa imagem seria sua própria sala de visitas ou o cômodo mais próximo da porta de saída de sua residência. Uma possibilidade seria você imaginar em sua sala de visitas um telefone enorme (conta de telefone) tentando passar pela fechadura (última coisa a ser vista) da porta da sala.

Claro que isso irá lhe ajudar a se lembrar de pegar a conta de telefone antes de sair de casa, mas você ainda pode se esquecer de pagá-la. Para resolver esse problema, basta criar uma outra imagem inusitada envolvendo a conta de telefone e a maçaneta ou fechadura da porta de seu escritório. Assim, ao chegar ao serviço e avistar a porta do seu escritório, você se lembrará de pagar a conta de telefone.

Esse método simples pode ser aplicado a qualquer ação da qual você queira se lembrar. Por que estragar uma noite romântica com a namorada por estar preocupado com a dúvida se a porta da frente de sua casa foi trancada ou se o forno foi realmente desligado? Crie o hábito de fazer uma rápida associação a cada vez que você executa essas ações. Por exemplo, sempre que trancar a porta da frente, imagine seus dedos sendo sugados pela fechadura, causando imensa dor. Para se lembrar se o forno foi desligado, crie o hábito de sempre imaginar sua cabeça sendo assada no forno, sempre que você desligá-lo.

Não se preocupe em confundir a imagem feita ontem com a imagem criada hoje. A atenção e a memória real darão conta do recado, deixando claro se a ação memorável é atual ou antiga. Se você não se lembrar de ter imaginado sua cabeça assando dentro do forno hoje, é porque ainda não o desligou.

Talvez você seja uma daquelas pessoas que chegam a um cômodo da casa sem saber o que iria fazer lá. Para evitar esse desconforto, basta que, antes de sair em busca do objeto, você crie uma imagem inusitada entre o objeto em questão e o cômodo em que ele se encontra. Dessa forma, se deseja buscar o martelo na garagem, basta que crie uma imagem localizada na garagem envolvendo você e o martelo. Ao chegar à garagem, se lembrará facilmente da cena do seu inusitado duelo com o Sr. Martelo e se lembrará de buscá-lo. Dê uma chance ao método: ele realmente funciona.

Se você usa óculos e sempre esquece onde os deixou, tente formar uma associação no momento em que os deixa. Se os deixou sobre a estante do seu quarto, imagine uma cena localizada em seu quarto, envolvendo a estante e seus óculos. Você pode imaginar que um par de óculos gigantes está destruindo a estante ou mesmo que os livros dela estão deixando em pedacinhos seus queridos óculos. Se você deixou os óculos sobre o aparelho de TV, basta que imagine uma cena localizada na sala de televisão em que sua TV está utilizando óculos gigantes. A próxima vez em que pensar nos óculos, você se lembrará da cena imaginada.

Sempre crie uma associação no momento em que executar qualquer tarefa.

Se você deixa os óculos sobre a mesa sem criar qualquer situação, provavelmente estará procurando por eles nos próximos minutos. Você pode sentir que essas associações são uma perda de tempo. No entanto, após testar o método algumas poucas vezes, perceberá que o tempo gasto com a criação dessas imagens é bem inferior ao tempo gasto com a lamentação sobre a localização de seus pertences, bem como com o esquecimento de compromissos

Memória do conhecimento

A memória do conhecimento é inteiramente alicerçada em torno de conceitos. Por conseguinte, esses conceitos se alicerçam em torno de categorias temáticas. Finalmente, as categorias são conjuntos ou superconjuntos que abarcam diversos elementos que compartilham similaridades.

Por exemplo, um gato pertence a um conjunto chamado felinos. Desse modo, outros animais como tigres, leões e onças também pertencem a esse mesmo conjunto em virtude das semelhanças que compartilham. No entanto, o gato pode ser categorizado como membro de um conjunto muito superior: o dos mamíferos. Ainda que muito diferentes, gatos, elefantes e cangurus compartilham diversas semelhanças que nos permitem categorizá-los dessa forma.

Essas categorias são arranjadas de maneira hierárquica. Insta salientar que, quanto mais subordinado o nível da informação, menos abstratos são seus conceitos. Veja, por exemplo, a categorização do conceito HOMEM.

Seres vivos

⇓

Animais

⇓

Mamíferos

⇓

Primatas

⇓

Homens

Cada uma dessas categorias possui diferentes informações compartilhadas. Por exemplo, se você deseja diferenciar um cocker spaniel e um pastor alemão, possivelmente terá de consultar informações específicas de cada raça da espécie cachorro. No entanto, se você deseja saber se um cachorro se alimenta de leite quando recém-nascido, provavelmente precisará consultar a categoria mamíferos.

Veja que exemplo curioso. É mais difícil excluir um conceito como membro de uma categoria quando ele compartilha diversas categorias com ela. Por exemplo, gastamos mais tempo para decidir que uma árvore não é um animal do que para decidir se um tijolo é um animal.

Em decorrência dessas características, a memória de conhecimento é mais facilmente armazenada se é feito o uso das categorias durante sua memorização. Isso também explica o motivo pelo qual, em um "branco", é mais fácil evocarmos a informação perdida se fizermos nossa busca pelas categorias, em vez de pelo alfabeto, por exemplo. Assim, se você deseja se lembrar do nome de algum cantor, é mais fácil lembrar se você se concentrar nas características físicas dele, seu gênero musical, os locais onde ele toca, em vez de ficar fazendo buscas sucessivas pelo alfabeto.

Exercício

Durante dez segundos, tente escrever o máximo de palavras que se iniciam por N. Em seguida, durante outros dez segundos, tente escrever o máximo de palavras que se encaixam na categoria "frutas".

Ainda que existam muito mais palavras iniciadas por N do que frutas, possivelmente você escreveu mais nomes de frutas do que palavras que se iniciam por N.

Assim, quando for memorizar alguma informação que pertença ao domínio do conhecimento, o ideal é que ela esteja categorizada. Se deseja memorizar uma lista de compras, organizá-la em torno de categorias – produtos de limpeza, carne, vegetais, frutas, leites e derivados – possivelmente tornará sua memória bem mais eficiente nesse quesito. Em seus estudos, a utilização de quadros sinópticos, mapas conceituais e mapas mentais são algumas excelentes ferramentas que lhe auxiliam na criação dessas categorias.

Método das jornadas

O método das jornadas ou método dos locais foi a primeira estratégia mnemônica criada, sendo utilizada pela primeira vez por volta de 2.500 anos atrás. Para utilizá-lo, escolha uma rota que você conheça bem. Em seguida, crie diversas referências ao longo desta. A rota escolhida pode ser o caminho que o ônibus faz de sua casa à sua escola; o caminho que você utiliza para ir a uma boate ou ainda uma rota dentro de sua casa, que o leva de seu quarto até a porta da frente. Após a criação da jornada, basta que você mentalize alguma imagem associativa entre a informação e cada uma dessas referências. Por exemplo, para memorizar uma lista de compras, você pode imaginar diversos feijões espalhados no chão de seu quarto, uma maçã gigante interagindo com a porta da sala, uma sopa esparramada sobre a mesa da sala de jantar e até mesmo um pacote de pão de forma saindo de sua caixa de correios. Essa técnica funciona muito bem para a memorização de listas. O motivo é simples:

- Ela cria associações entre informações novas e informações já consolidadas há muito tempo.
- Utiliza, ainda, imagens mentais para fortalecer os códigos de memória.

Uma situação do cotidiano em que essa técnica é muito útil e eficiente é no caso de garçons que vão de mesa em mesa anotar drinques e pedidos. Dada a pressa com que trabalham, visualizar drinques e pedidos em jornadas é uma estratégia muito mais eficiente do que simplesmente anotá-los.

Em campeonatos de memória, cada competidor usa uma técnica muito pessoal para a memorização de fatos, dígitos, datas e baralhos. No entanto, independentemente do método que cada atleta utiliza, todos são baseados no método das jornadas.

Método do vínculo ou da história

Da mesma forma que o método das jornadas, o do vínculo também utiliza imagens mentais para associar idéias e palavras. No entanto, em vez de utilizarmos a estrutura definida anteriormente para associar cada uma dessas informações (como as referências de uma jornada), os itens são associados uns aos outros. Por exemplo, para memorizar uma lista de compras que contenha pão, macarrão, maçãs e bananas, você precisará criar uma imagem na qual o pão e as bananas, de alguma forma, interagem entre si. Em seguida, uma imagem que envolva macarrão e maçãs, e assim sucessivamente. Dessa forma, cria-se uma corrente em que cada imagem evoca a próxima, até que todos os itens sejam evocados.

Flash cards

Flash card é um pedaço de papel (geralmente cartolina) utilizado como ferramenta para o aprendizado. O tamanho de cada um deles é variável. Recomendo que seja compatível com o de sua carteira ou bolso da calça.

Em cada cartão você escreve alguma pequena informação que deseja aprender: leis, fórmulas, tabuada etc. Você deve guardar todos esses pequenos cartões em um local de fácil acesso (geralmente a carteira), para que possa verificá-los durante todo o dia.

Os *flash cards* funcionam por dois grandes motivos:

a. Respeitam o fenômeno da reminiscência;

b. Utilizam melhor seu tempo livre, visto que você pode dar uma pequena olhada em cada um deles no ponto de ônibus, sala de espera do dentista ou até mesmo no trabalho (se você não for piloto de avião, claro).

Os *flash cards* foram introduzidos na aprendizagem por um cientista alemão chamado Sebastian Leitner, nos anos 1970. Essa é a forma como seu método funcionava: cada cartão continha uma pergunta de um lado e no verso a resposta. Ao ler a pergunta, o estudante verificava se sabia a resposta. Caso afirmativo, o cartão era movido para o bloco de cartões já estudados. Caso o estudante desconhecesse a resposta o cartão era movido para o bloco de cartões a serem revistos posteriormente.

Acrônimos

Acrônimo é uma palavra formada pelas letras ou sílabas iniciais de palavras sucessivas de uma locução, ou pela maioria destas partes. Observe o exemplo dos princípios básicos da Administração Pública (artigo 37, da Constituição). A partir da palavra LIMPE, você vai se recordar que os princípios são Legalidade, Impessoalidade, Moralidade, Publicidade e Eficiência.

No Ensino Médio, é comum ensinarem aos estudantes o acrônimo MACHO, para que se lembrem das etapas de balanceamento químico. Assim, deve-se balancear inicialmente os **M**etais, **A**metais, **C**arbonos, **H**idrogênios e **O**xigênios, nessa ordem. Acrônimos são eficientes códigos de memória, visto que são capazes de evocar com precisão uma grande quantidade de conceitos.

O método de John Place

É possível memorizar grandes textos, palavra por palavra. Na antiguidade, era comum que os textos sagrados fossem memorizados ao pé da letra: não queriam que distorcessem as palavras de seus deuses.

Tenho muitas restrições à aplicação desse tipo de memorização nos estudos. Ainda que seja uma abordagem interessante para atores, pastores, padres ou conferencistas, ela não tem tanta aplicabilidade prática nos estudos. Como é uma técnica que dispensa muito tempo, talvez fosse mais interessante gastar o mesmo tempo criando uma rede de memorização mais rica, utilizando evocação, debates, mapas mentais e diversos outros códigos de memória.

No entanto, ainda assim, imaginei que seria importante citá-la. Uma das técnicas mais utilizadas com esse objetivo são variações do método criado por John Place.

John Place é um bem-sucedido professor universitário, formado em Gerenciamento de Sistemas de Informação pela Universidade de Missouri. Quando estudante, ele se formou com a maior nota de sua sala. Após a faculdade, ele investiu na carreira de programador e arquiteto, obtendo aumento constante de seu salário. Atualmente, é professor universitário e fornece consultoria em motivação em diversas grandes empresas nos EUA.

Na faculdade, ele memorizou sete capítulos (mais de 23 mil palavras) de seu livro-texto de psicologia. Era capaz de realmente recitar os sete capítulos na íntegra. Esse feito ocorreu graças a duas declarações feitas por um professor em sua faculdade:

a. Nenhum aluno nunca tirou a nota máxima em minha primeira prova;

b. Todas as respostas da prova poderiam ser encontradas nos primeiros sete capítulos do livro-texto.

Determinado a ser o melhor aluno de sua sala, ele simplesmente memorizou os sete capítulos na íntegra. É óbvio que nem todos vocês desejam memorizar mais de 20 mil palavras para uma prova. No entanto, seu método é um bom exemplo de como uma repetição sistematizada aliada ao bom uso da sinestesia podem ser utilizados para se memorizar qualquer coisa.

1. Inicialmente, use um lápis ou processador de texto para anotar, em frases completas, qualquer fato que você julga que possa aparecer em sua prova.

2. Leve suas anotações para uma sala silenciosa, feche a porta e elimine todas as distrações.

3. Leia a primeira frase em voz alta. Em seguida, feche seus olhos e repita a frase sem olhar no papel.

4. Repita o passo acima, agora lendo as duas primeiras frases.

5. Agora, repita o processo utilizando cada vez uma frase a mais. Repita as frases até que você seja capaz de reproduzi-las sem o uso do papel.

Após essa sessão de memorização, John Place recomenda que seus alunos tirem um pequeno cochilo. Segundo ele, nesse momento, as memórias estão muito vulneráveis e precisam ainda de tempo para se consolidar. Depois do cochilo, o professor recomenda que seus alunos repitam mais uma vez todos os cinco passos anteriores, para obter o máximo de retenção.

John Place tornou-se tão bom em sua técnica que passou a ser capaz de aprender a matéria de qualquer prova (por mais difícil que fosse) em apenas seis horas. Pode parecer muito tempo, mas não é, visto que o professor precisava de no máximo seis horas para se preparar para qualquer prova, ainda que ele não tivesse nem ao menos aberto o livro durante todo o semestre.

Ele finaliza explicando que, no que tange a técnicas de memória, é importante que você descubra alguma estratégia mnemônica que funcione para você, seja ela qual for. Quando se trata de técnicas de memória, não existem boas ou ruins: se funcionar para você, ela é a técnica correta.

Aliás, ele realmente foi o primeiro aluno a conseguir 100% de aproveitamento na prova do professor supracitado.

Place está corretíssimo em sua abordagem. Ainda que eu prefira utilizar algum sistema mnemônico complexo para a memorização de textos a utilizar a força bruta (qualquer processo de memorização que não utiliza palavras-chave ou imagens), sua abordagem realmente funciona, visto que ela não apenas respeita o fenômeno da reminiscência, mas também respeita a sinestesia, intercalando os sentidos visuais e auditivos para a criação de códigos de memória mais eficientes.

Suas próprias técnicas

Ao longo de nosso curso, vou ensinar as técnicas que têm funcionado para mim e para um grande número de pessoas. No entanto, é importante que, com o passar do tempo, você seja capaz de criar suas próprias estratégias internas de memória. Ainda que minhas técnicas sejam muito poderosas, ao adaptá-las de acordo com suas próprias necessidades, elas se tornarão ainda mais úteis para você.

MEMORIZANDO NÚMEROS

"Nós não podemos mudar nossas memórias, mas nós podemos mudar o sentido e o poder que elas têm sobre nós."
David Seamands

Importância dos números

Todos já passamos por alguma situação desagradável por esquecermos algum número importante: a senha do banco, o número do CPF, o telefone de um amigo ou, até mesmo, o CEP de nossa própria residência.

Junte algumas letras adequadamente e você terá poesias, cartas de amor ou até mesmo um relatório bancário. Junte alguns números e você continuará a ter apenas números (e dor de cabeça). Neste capítulo, abordaremos várias maneiras diferentes para podermos criar imagens mentais com os números.

O Sistema pela Forma

O Sistema pela Forma é um ótimo início em nossa empreitada de tornar os números um pouco mais interessantes. Ele funciona pela conversão de cada número em uma imagem que tenha forma semelhante a ele. É claro que o sistema não é perfeito, mas basta um pouco de criatividade para ele funcionar. Abaixo, seguem algumas sugestões:

0. Rosquinha, anel, bola...
1. Lápis, caneta, pincel, vela...
2. Cisne, pato...
3. Coração, seios, bunda, montanha...
4. Cadeira, barco à vela, mesa...
5. Gancho, serpente, mulher grávida...
6. Ioiô, taco de golfe, cereja...
7. Bumerangue...
8. Óculos, ampulheta, mulher com corpo violão...
9. Pirulito, raquete de tênis, balão com cordinha...
10. Gordo e o magro, bola de boliche e pino.

Agora, escolha uma (apenas uma) imagem para representar cada número. Escolha aquela que você julgar mais fácil de ser imaginada.

Número	Imagem baseada na forma do número
0	______________________________
1	______________________________
2	______________________________
3	______________________________
4	______________________________
5	______________________________
6	______________________________
7	______________________________
8	______________________________
9	______________________________
10	______________________________

O Sistema pela Rima

Você achará bastante fácil o Sistema pela Rima, visto que o seu princípio é bem semelhante ao visto no Sistema pela Forma. Agora, em vez de substituirmos os números por imagens que se assemelham à forma deles, iremos usar imagens que foneticamente se assemelham aos números.

Mais uma vez, será necessário criar associações coloridas, exageradas e ridículas.

0. Prego.

1. Rum.
2. Bois.
3. Chinês.
4. Prato.
5. Brinco.
6. Cesta.
7. Gilete.
8. Biscoito.
9. Revólver.
10. Jazz.

Mais uma vez, será preciso que você escolha apenas uma imagem para cada número.

Número Imagem baseada na rima com o número

0 ______________________________

1 ______________________________

2 ______________________________

3 ______________________________

4 ______________________________

5 ____

6 ____

7 ____

8 ____

9 ____

10 ____

Lembrando quantidades

Vamos supor que você precise comprar no supermercado:

- seis pães de sal;
- dois litros de leite;
- oito cervejas.

Basta que você crie uma imagem envolvendo um pão de sal e um ioiô (imagem referente ao 6 no sistema pela forma) e a localize em seu primeiro ponto de referência de sua jornada. Para lembrar-se dos 2 litros de leite, basta que você imagine uma cena inusitada envolvendo um cisne (imagem referente ao dois no sistema pela forma) e uma caixa de leite, inserindo-a em seu segundo ponto de referência de sua jornada. Finalmente, para se lembrar de comprar as cervejas (apesar de duvidar que você as esquecerá), basta que você crie uma imagem envolvendo uma ampulheta (imagem referente ao 8 no sistema pela forma) e uma cerveja no seu terceiro ponto de referência de sua jornada.

No exemplo acima, utilizei o sistema pela forma para substituir as quantidades, mas é claro que você poderia ter usado o sistema pela rima, utilizando uma cesta para substituir o número seis, bois para substituir o número dois e um biscoito para substituir o número oito.

Tabela periódica

Apesar de não ser necessária a memorização de todos os elementos da tabela periódica, muitas vezes é cobrado dos estudantes saber algumas informações sobre seus elementos químicos, como Nox (Número de Oxidação) ou distribuição eletrônica.

Nox é a quantidade de elétrons que átomos de determinado elemento podem perder (positivo) ou ganhar (negativo).

Memorizando os Nox

Para memorizar o Nox de qualquer elemento da tabela periódica, iremos converter cada elemento químico em alguma imagem. Dessa forma, manganês pode se tornar uma manga, alumínio converte-se em papel alumínio, e assim por diante. É importante que você fique sempre com a primeira ideia que surja em sua mente.

Cada Nox se tornará uma imagem, de acordo com o sistema pela rima ou pela forma. Defini arbitrariamente que as imagens do sistema pela rima simbolizarão os elementos positivos e as imagens do sistema pela forma os elementos negativos.

Após a conversão de cada elemento químico e de seus respectivos Nox em imagens estamos prontos para memorizá-los utilizando o método da concatenação.

Ex.: Ferro, Nox = + 2 , + 3

Para memorizar, basta criar uma história envolvendo um ferro de passar roupa (imagem para o elemento químico Ferro), alguns bois (imagem para o Nox +2) e um chinês (imagem para o Nox +3). Imagine que na sala de aula havia um enorme ferro de passar roupa sendo puxado por alguns bois, que perseguiam um chinês.

Transformando números em palavras

Transformar números em palavras não é uma ideia recente. O sistema foi atribuído a Stanislau Mink von Wennusshein, que criou, em 1648, um método para transformar números em consoantes. Desde então, o sistema sofreu alterações, mas a ideia continua sendo a mesma. Darei um som consonantal para cada um dos algarismos: 0, 1, 2, 3, 4, 5, 6, 7, 8 e 9.

O som correspondente ao 0 será sempre S, SS, C fraco (como em 'céu'), Ç, Z, XC. Para lembrar-se disso, lembre que a palavra ZERO começa com Z.

O som correspondente ao 1 será sempre T ou D. Para ajudar-lhe, lembre-se que a letra T tem uma haste vertical.

O som correspondente ao 2 será sempre N ou NH. A letra N possui duas hastes verticais.

O som correspondente ao 3 será sempre o M. A letra M possui três hastes verticais.

O som correspondente ao 4 será sempre R, RR ou o H com som de R (como na palavra inglesa *house*).

O som correspondente ao 5 será sempre o L ou LH. O número 50 em algarismo romano é L.

O som correspondente ao 6 será J, G fraco (como em gelo), X, CH ou SH.

O som correspondente ao 7 será sempre o G forte (como em galo), C forte (como em casa), o K e o Q.

O som correspondente ao 8 será o V ou F.

O som correspondente ao 9 será o P ou B. Perceba que o P é um 9 virado.

As vogais são neutras, não geram números. Não importa se para alguns algarismos mais de um som foi indicado: os sons que eles representam são semelhantes. Lembre-se, também, de que o importante são os sons consonantais e não as letras. Assim sendo, uma mesma letra pode significar números diferentes. *Ex.:*

- **0** = céu;
- 7 = cão.

No primeiro exemplo, o C tem som de S. Assim, representa 0. No segundo exemplo o C tem som forte e representa 7. Alguns exemplos:

- **Arranha**: 42.
- **Arara**: 44.
- **Papai**: 99.
- **Gelo**: 65.

Praticamente todas as grandes exibições mnemônicas consistem nesse alfabeto fonético. Antes de prosseguirmos, é importante que o alfabeto fonético esteja bem fixado.

Exercício

Complete as lacunas abaixo escrevendo os números correspondentes a cada palavra. Veja o exemplo:

- **Boné** = 92.
- **Alberto** = 5941.
- **Valéria** =____________________.
- **Porta** = ____________________.
- **Janela** =____________________.
- **Aeroporto** = ____________________.
- **Revista** = ____________________.
- **Manhosa** = ____________________.
- **Jiboia** = ____________________.
- **Princesa** = ____________________.
- **Jabuti** = ____________________.
- **Mapas** =____________________.
- **Jantar** =____________________.
- **Mosca** = ____________________.
- **Biscoitos** = ____________________.
- **Jaspion** = ____________________.
- **Pokémon** =____________________.
- **Noel** = ____________________.
- **Anjo** = ____________________.
- **Cesto** = ____________________.
- **Larva** = ____________________.
- **Inseto** = ____________________.
- **Boneca** = ____________________.
- **Óculos** = ____________________.

Sistema Fonético

Agora que você compreendeu a substituição de números por letras, poderemos criar substitutos para os números baseados no alfabeto. Assim, se você quiser criar um substituto para o número 1, deve escolher uma palavra que tenha somente uma consoante: T ou D. Seguindo o mesmo raciocínio, se quisermos uma palavra que substitua o número 43, teremos de criar uma palavra com dois sons consonantais: R e M, respectivamente.

Dessa forma, é fácil perceber que o número 03 é diferente do número 3. Isso porque ao traduzirmos o número 03 para consoantes, teríamos um S e um M, respectivamente. O número 3 converteria-se em uma palavra que contivesse apenas uma consoante: M.

O sistema baseado no alfabeto fonético é o método mais ensinado e praticado em cursos de memória, dada sua facilidade e aplicabilidade. Infelizmente, muitos cursos de memória esquecem de enfocar a importância dos locais para suas imagens mentais. Assim, se quiser utilizar o sistema fonético para memorizar 100 palavras, é importante que você escolha um local adequado, onde as imagens irão interagir.

Seguem-se as 111 palavras básicas do alfabeto fonético:

Alfabeto Fonético – as 111 Palavras Básicas

0. Céu
1. Teia
2. Anão
3. Mãe
4. Rei
5. Olho
6. Joia
7. Cão
8. Uva
9. Baú
10. Taça
11. Dado
12. Tina
13. Timão
14. Terra
15. Tela
16. Tacha
17. Taco
18. Divã
19. Diabo
20. Noz
21. Índio
22. Ninho
23. Nome
24. Nero
25. Anel
26. Anjo
27. Nuca
28. Navio
29. Nabo
30. Maçã
31. Moto
32. Moinho
33. Mamão
34. Mar
35. Mola
36. Ameixa
37. Maca
38. Máfia
39. Mapa
40. Rosa
41. Rato
42. Rena
43. Remo
44. Arara
45. Rolha
46. Rocha
47. Arca
48. Rifa
49. Robô
50. Laço
51. Mata
52. Lona
53. Limão
54. Louro
55. Lula
56. Lixa
57. Laka
58. Luva
59. Lupa
60. Giz
61. Jato
62. China
63. Gim
64. Jarro
65. Gelo
66. Chuchu
67. Jaca
68. Chave
69. Chapéu
70. Gaze
71. Gato
72. Cana
73. Goma
74. Gorro
75. Galo
76. Caixão
77. Coco
78. Gavião
79. Goiaba
80. Vaso
81. Veado
82. Vinho
83. Fumo
84. Ferro
85. Violão
86. Faixa
87. Faca
88. Fofão
89. Fubá
90. Paz
91. Pato
92. Piano
93. Puma
94. Burro
95. Bola
96. Peixe
97. Boca
98. Pavão
99. Pipa
100. Doces
00. Saci
01. Seta
02. Sino
03. Sumô
04. Siri
05. Selo
06. Soja
07. Saco
08. Sofá
09. Sopa

Tabela 3.1.

Exemplo 1

Vamos supor que você queira memorizar o telefone de sua amiga Cynthia, cujo número é: 5556-3967. Converta cada par de dígitos em um objeto do alfabeto fonético. Assim, 55-56-39-67 se tornaria Lula-Lixa-Mapa-Jaca. Para memorizar o número de telefone, você criaria uma mini-jornada com quatro locais, no qual o primeiro local é o portão da casa da sua amiga e o último o cômodo mais afastado do portão – a cozinha, por exemplo.

- **Referência 1**: Portão.
- **Referência 2**: Sala de visitas.
- **Referência 3**: Sala de Jantar.
- **Referência 4**: Cozinha.

Para memorizar o telefone de sua amiga, basta que você crie uma imagem inusitada envolvendo o par de dígitos e o local da jornada. Assim, você criaria uma imagem envolvendo o Lula e o portão da casa de sua amiga, uma outra sobre uma lixa na sala de visitas, uma sobre um gigante mapa na sala de jantar e, finalmente, uma imagem envolvendo uma grande jaca na cozinha da casa da Cynthia. Para lembrar-se do telefone, bastaria que você percorresse novamente a mini-jornada, lembrando-se de cada par de dígitos.

Método do Vínculo

É possível que você memorize sequências de números utilizando o Método do Vínculo. No exemplo anterior, após converter cada par de dígitos em um objeto do alfabeto fonético, basta criar uma pequena história envolvendo todos os objetos na casa de sua amiga.

Exemplo 2

Você poderia imaginar que estava na casa de sua amiga quando a campainha tocou. Você foi atender e se deparou com o presidente Lula (55). Ele estava precisando urgentemente de uma lixa (56) de unha emprestada, para poder se preparar para um discurso. Você convidou o presidente para entrar e entregou-lhe a lixa. Após lixar cuidadosamente suas unhas, o presidente lembrou que precisava de um mapa (39) de Belo Horizonte emprestado: iria fazer um grande discurso para alguns empresários da FIEMG. Perguntou se havia na casa de sua amiga alguma fruta para ele levar; pois estava morrendo de fome. Escolheu uma jaca (67) e saiu em disparada em direção à saída.

O MÉTODO DELL'ISOLA PARA APRENDER IDIOMAS

INGLÊS EM CONCURSOS

O inglês tem sido o vilão de grande parte dos "concurseiros". Quantas vezes você não cancelou a inscrição de um determinado concurso simplesmente porque o inglês era uma das matérias incluídas no edital?

O MÉTODO DELL'ISOLA

Quando iniciei meu treinamento de memória, existiam pouquíssimos livros em português sobre o assunto. Desse modo, tive que recorrer a livros em diversos idiomas, como inglês, italiano, espanhol e alemão. Assim, o que você vai encontrar nas páginas a seguir, foi o método que utilizei para ser capaz de ler livros estrangeiros em uma velocidade realmente incrível.

CRIANÇAS TÊM MESMO MAIS FACILIDADE?

Muitas pessoas acreditam que um adulto não é capaz de imitar a fluência de alguém que aprendeu outro idioma na infância. E realmente existem estudos que comprovam isso.

No entanto, as pessoas costumam confundir essas descobertas: que a idade de aquisição afeta o aprendizado da gramática – com a ideia de que crianças adquirem um vocabulário vasto mais rápido do que adultos. Isso é discutível. Adultos, por outro lado, têm um grande número de vantagens sobre as crianças na aquisição de novas palavras:

- eles geralmente têm mais estratégias de aprendizado do que as crianças;
- eles têm um maior vocabulário na sua língua nativa (o que torna mais fácil encontrarem semelhanças entre os idiomas);
- eles têm (por enquanto) uma maior capacidade na memória de trabalho.

Por esses motivos, adultos podem aprender novas palavras mais rápido do que as crianças. O motivo da crença de que crianças têm maior facilidade na aquisição de um novo vocabulário surge da aparente mágica envolvida no processo de aprendizado infantil. Apesar de realmente existir algo "mágico" no processo em que a criança aprende gramática, a aquisição de vocabulário não é tão mágica assim. Na verdade, crianças são bem lentas no aprendizado de novas palavras, aprendendo em média:

12 – 16 meses:	0.3 palavras/dia
16 – 23 meses:	0.8 palavras/dia
23 – 30 meses:	1.6 palavras/dia
30 meses – 6 anos:	3.6 palavras/dia
6 – 8 anos:	6.6 palavras/dia
8 – 10 anos:	12.1 palavras/dia

Tabela 4.1.

Fonte: *How Children Learn the Meanings of Words, Paul Bloom (2000).*

Aprendendo idiomas na escola

As pessoas costumam crescer acreditando que aprender novos idiomas é algo difícil. Não é difícil! Simplesmente parece uma tarefa complicada porque a forma como os idiomas são ensinados em nossas escolas (e provavelmente em outras escolas do mundo) é chata e ineficiente. O fato de poucos de nós apresentarmos fluência no inglês ou francês, apesar de a maioria ter tido aulas destes idiomas no colégio, confirma a ineficiência desse método de ensino tradicional.

Neste capítulo você vai aprender a fazer uma aquisição por imersão: como se estivesse realmente em outro país.

Erros comuns ao iniciar o aprendizado

Ouvirei o curso em áudio enquanto arrumo a casa, lavo o carro, dirijo para o trabalho ou durmo.

Apesar de parecer uma forma de ganhar tempo, infelizmente essas abordagens não funcionam. Você não pode apenas apertar o botão de *play* e deixar o idioma fluir em você. Infelizmente, estudos mostram que o estudo subliminar não é eficiente. É o mesmo que achar que basta estar matriculado em uma academia de ginástica para ficar esbelto. Você pode usar as fitas cassetes em momentos em que você realmente não está fazendo nada, podendo se dedicar integralmente ao aprendizado, como na sala de espera do seu dentista ou no ponto de ônibus.

Ao estudar o material em áudio, tente absorver o máximo das informações indicadas na fita, escutando cada palavra, aprendendo, dominando e sempre avaliando seu aprendizado de cada trecho a ser aprendido.

Como não estou mais na escola, o tempo não é importante. Aprenderei no meu ritmo, pularei um dia; dois dias; e o material estará sempre me esperando.

Esse é um dos maiores mitos no aprendizado de novos idiomas. O aprendizado de um novo idioma tem muito em comum com um inimigo militar. Não o deixe descansar ou escapar de seus ataques. Claro que o aprendizado não é seu inimigo, mas essa é uma boa ilustração para suas táticas de estudo. Um programa de aprendizado que envolva disciplina e dedicação está trilhando os caminhos do sucesso.

Esse capítulo que estou estudando é muito difícil e provavelmente não é tão importante. Vou pulá-lo para estudá-lo mais tarde.

Não fuja dos obstáculos que aparecerem em seu caminho enquanto aprende o novo idioma. Qualquer idioma possui suas dificuldades. Em vez de contornar todos esses obstáculos, enfrente-os. Pode parecer masoquismo, mas também quero que você aprenda os nomes das letras do alfabeto e dos termos gramaticais do novo idioma na língua nativa. Assim, quando tiver a oportunidade de visitar o país do idioma escolhido, você pode inclusive tirar dúvidas de gramática ou de escrita com os próprios nativos.

Eu nunca vou tentar falar o idioma aprendido no sotaque original dos nativos, visto que jamais conseguirei reproduzi-lo corretamente.

Ninguém é preso por atentado ao pudor apenas por vestir-se mal. Por outro lado, uma pessoa que não se preocupa com o vestuário nunca irá nos surpreender com sua aparência. Ocorre o mesmo com o sotaque. Enquanto estiver aprendendo o novo idioma, porque não tentar – a um custo muito pequeno – imitar o sotaque original? Caso não consiga, nada de mal vai lhe ocorrer. Em caso de sucesso, você será muito bem-visto pela comunidade nativa.

Escolhendo o idioma a ser estudado

Não se sinta mal se você não souber ao certo qual idioma você pretende aprender. Quais os seus objetivos com o idioma a ser aprendido? Caso você não fale uma segunda língua, recomendaria o inglês: dificilmente você consegue escapar dele. Você pretende se casar com uma linda japonesa e se mudar para o Japão? Então o idioma que você quer aprender é japonês. Seu objetivo é estudar a psicanálise a fundo? Então o interessante é que você aprenda francês e alemão, para poder ler os originais de Lacan e Freud, respectivamente. Ama ópera? Aprenda italiano. Pretende trabalhar com comércio exterior? O mandarim é uma ótima pedida.

Juntando as ferramentas

Após ter escolhido o idioma a ser estudado, é hora de irmos fazer compras. Escolha uma livraria que tenha uma vasta coleção de material em outros idiomas.

Livro texto e caderno de atividades

Recomendo que você estude em um livro básico (livro texto e caderno de atividades) para ter uma boa base em gramática no idioma a ser estudado. Não importa se eles ensinam um pouco mais que gramática ou que eles lhe remetam às fatídicas aulas de inglês do colégio. Em sua empreitada é importante que você tenha como cerne de seus estudos um livro básico, acompanhado de CDs de áudio ou software para treinamento.

Dicionário

A maioria dos mini-dicionários de idiomas tem duas partes: Português-Inglês (ou qualquer outro idioma) e Inglês-Português. Ambas as partes são fundamentais. Caso você esteja realmente disposto a investir em seu aprendizado, também é recomendável comprar um dicionário apenas no idioma a ser aprendido (um dicionário similar ao nosso Aurélio, grande). Dessa forma, você tem a garantia de que nenhuma palavra irá lhe escapar.

Dicionários temáticos

Compre um dicionário temático. São muito comuns em livrarias de aeroportos. Além disso, são baratos e fáceis de usar. Apesar de não conter quase nada sobre gramática, eles são boas fontes de palavras e das frases mais utilizadas coloquialmente. Caso você tenha um interesse específico ao iniciar o aprendizado de um idioma, é interessante que o dicionário a ser adquirido seja do tema adequado. Se vai aprender francês para estudar psicanálise, nada mais pertinente do que comprar um dicionário temático de psicologia, e assim por diante.

Jornais e revistas

Compre jornais ou revistas no idioma a ser estudado. Grandes livrarias, geralmente, contêm seções onde você encontra várias publicações em diversos idiomas. Caso não as encontre, procure o consulado ou embaixada do país do idioma. Geralmente eles são solícitos e podem lhe ajudar. Com o surgimento da Internet, está cada vez mais fácil ter contato com material estrangeiro.

Livros infantis

Caso seja possível, compre livros infantis no idioma a ser aprendido. Eles livros são ótimos para seu aprendizado, visto que possuem textos de fácil compreensão. Sugiro que os procure em algum site de venda de livros pela Internet, como o Amazon: http://www.amazon.com.

Cursos em áudio

Cursos em áudio geralmente não são caros, apesar de bem eficientes. Eles são muito importantes, pois, além de acostumar seu ouvido com os novos fonemas, eles também o ajudam a ganhar tempo. Use um *walkman* para poder levá-los para qualquer lugar. Um toca-fitas portátil lhe permite estudar em locais que provavelmente não seriam produtivos, como o ponto de ônibus ou na sala de espera do dentista.

Flash cards

Flash card é um cartão que é utilizado como ferramenta para o aprendizado. O principal propósito do *flash card* é a memorização. Escreve-se uma pergunta de um lado do cartão e a respectiva resposta no verso. Mais tarde, após testar seus conhecimentos, a pessoa organiza os cartões de acordo com sua performance. Eles podem ser utilizados para aumentar o vocabulário, datas histórias, fórmulas etc.

Essa estratégia torna possível o aprendizado seletivo. Isto é, quanto mais difíceis os *flash cards* de um grupo, maior será a frequência com que você irá revê-los. Essa seleção permite uma otimização do tempo necessário para estudar.

O método foi proposto pelo psicólogo alemão Sebastian Leitner nos anos 1970. Os cursos de idiomas Pimsleur são baseados em uma ideia semelhante.

Nos EUA são vendidos *flash cards* já prontos, contendo diversos temas escolares. É possível que você compre alguns *flash cards* no idioma desejado, pela Internet. Mesmo que você adquira alguns cartões já prontos, é interessante que você compre cartolinas de diversas cores para poder criar seus próprios cartões.

Programas de computador

Existem diversos programas sendo vendidos destinados ao aprendizado de línguas estrangeiras. Apesar de a maioria deles exagerar quanto a eficácia de sua metodologia, eles sempre acrescentam alguma coisa. Utilize-os como acessórios para o seu curso, e não como o cerne de seu aprendizado.

Além dos cursos específicos de idiomas, existem também *flash cards* eletrônicos. Programas que simulam o uso dos *flash cards*, agendando suas revisões de acordo com sua performance. O mais famoso é http://www.supermemo.com. Um *freeware* muito utilizado nas faculdades americanas é o VTrain, http://www.vtrain.net/home.htm.

Imersão

Existe alguma forma mágica de se aprender um novo idioma, sem esforço? Sim e não. Realmente existem algumas estratégias que podem tornar o aprendizado muito agradável, mas o sistema não funciona por si só: é importante que você participe. É claro que surgirão dificuldades, mas você estará preparado para elas.

A promessa não é a de não haver dificuldades. A questão é: obter o máximo de resultados com o mínimo de dificuldades. Se você decide ficar forte, não adianta chegar na academia e pensar: "Hmmm, seria melhor eu iniciar com o treinamento aeróbico ou anaeróbico? Caso eu inicie com o anaeróbico, devo optar pelo *pulley*, rosca direta, supino ou panturrilha?"

É claro que você precisará utilizar todos os equipamentos listados acima. O mesmo acontece quando resolvemos aprender um novo idioma. O trabalho de imersão simplesmente acaba com a ideia equivocada de que uma escolha deve ser feita. Você não precisa optar pelo livro texto, pelas fitas cassetes, pelas revistas ou pelas fitas de vídeo. Pelo contrário, você deve utilizar todo o material listado acima simultaneamente.

Conforme explicaremos nos capítulos referentes às técnicas de estudo, a evocação é importante. Evocar é repetir o texto com as próprias palavras, sem consultar o material. Charles Berlitz (1914-2003), escritor americano, costumava dizer que repetir em voz alta (evocar) dez a vinte vezes é mais eficiente do que apenas ler de cinquenta a cem vezes. Dessa forma, ler uma frase ou palavra de sua gramática cem vezes, não é uma estratégia tão eficiente quanto as mesmas frases ou palavras evocadas dez vezes.

É importante lembrarmos que a memória é essencialmente sensorial: quanto mais sentidos diferentes utilizarmos, mais ela vai funcionar. Por isso que é tão importante o trabalho de imersão, com várias estratégias simultâneas. Assim, ao lermos as mesmas frases de fontes diferentes (em um jornal e uma fita cassete, por exemplo), estamos aprendendo a mesma informação usando sentidos diferentes.

A imersão também é importante porque ela evita o tédio, visto que suas "aulas" serão as mais variadas o possível.

INICIANDO

Abra a gramática na primeira lição. Você entende o primeiro parágrafo? Se sim, prossiga para o segundo. Caso contrário, releia o primeiro parágrafo. Você consegue identificar o que o está impedindo de entender? Identifique suas dúvidas com um lápis, fazendo uma chave em toda a região confusa do texto. Entenda que o parágrafo não vai sofrer uma mutação em prol do seu entendimento: sua mente que deve se abrir para entendê-lo.

Faça um resumo com tudo aquilo que você não entendeu. Imagine que você está fazendo intercâmbio, e pretende escrever uma cara para sua namorada(o) reclamando das dificuldades com o aprendizado da nova linguagem. Crie o hábito de sempre carregar com você as anotações que contêm todas as suas dúvidas. Procure um estrangeiro, professor ou até mesmo um desconhecido na Internet (você pode encontrá-los facilmente utilizando o programa de bate-papo Messenger ou pelo site http://www.sharedtalk.com) e tire todas as suas dúvidas.

Dê uma chance para o seu entendimento

Vamos supor que você acaba de ler o parágrafo quatro ou cinco do livro texto e não entendeu nada. Nesse momento você deve conscientemente violar as regras do ensino tradicional e fazer algo radical. Você precisa ignorar a dúvida e continuar adiante.

Se você não entendeu é interessante que ignore a dúvida por um certo tempo. Existem grandes chances de que sua dúvida simplesmente desapareça enquanto você avança no texto. Muitas vezes, podem surgir mais exemplos ou explicações mais detalhadas capazes de resolver seus problemas. Quando não se dá a menor chance ao entendimento, o aprendizado fragmenta-se, tornando-se ainda mais difícil.

Continue a ler as próximas seis ou sete lições do livro texto antes de começar a utilizar as outras ferramentas. Não ceda a tentação de dar uma pequena olhada no jornal ou na revista do novo idioma estudado. Continuar o curso no livro texto enquanto a revista ou os CDs esperam fazem você se sentir como se fosse uma criança, que precisa terminar o dever de casa para poder ir brincar. A situação é a mesma: assim como as crianças é preciso que você tenha organização e disciplina. O livro texto e de atividades serão fundamentais para prepará-lo para desbravar terras bem mais interessantes, como as revistas e CDs.

Os *flash cards*, CDs, revistas e dicionários temáticos serão indispensáveis para acabar com o tédio da espera pelo seu dentista, cabeleireiro, ponto de ônibus ou qualquer outro lugar em que você precise ficar esperando sem fazer nada.

Agora que você já cumpriu a tarefa de aprender algumas lições do livro texto, é hora de utilizar, simultaneamente, todas as outras ferramentas.

Pegue a revista ou o jornal. Vá para o canto superior esquerdo da primeira página (caso seja um idioma ocidental, claro). Esse primeiro artigo será o seu dever de casa. Sem sombras de dúvidas você terá muita dificuldade em lê-lo, mas deve tentar fazê-lo da melhor maneira possível.

Pegue a caneta marca-texto e grife todas as palavras ou expressões que você não entende no primeiro parágrafo. Não se preocupe se você marcar o parágrafo inteiro. Lembre-se que você leu apenas algumas lições do livro texto e está apenas iniciando o seu aprendizado.

O próximo passo é separar seus cartões em branco. Olhe no dicionário a primeira palavra desconhecida.

- **Primeiro caso**: você encontrou no dicionário a palavra em uma forma idêntica a da revista – Nesse caso, pegue um dos cartões em branco e anote de um lado o significado da palavra em português. Do outro lado do cartão, escreva o nome da palavra estrangeira recém-descoberta com um desenho que explique o seu significado. Acho interessante que você desenhe, para ir criando vínculos entre o novo idioma e o seu significado de forma direta, sem precisar passar pelo português.

- **Segundo caso:** você encontrou no dicionário a palavra em uma forma ligeiramente diferente da encontrada na revista – Nesse caso, você encontrou a palavra em uma forma bem semelhante a da revista, mas com um sufixo diferente. Você provavelmente achou o sentido da palavra, mas por razões que você desconhece está em uma forma diferente. Substantivos, adjetivos e verbos flexionam, concordando com diversos aspectos como gênero, número, pessoa... Independente de qual seja a razão para a palavra estar um pouco diferente, anote no cartão em branco a forma que está no dicionário e no verso coloque o seu significado seguido de um desenho. Se o significado está claro, não se preocupe com o fato de ela estar escrita na revista ou jornal de uma forma diferente. Quando estudar gramática em seu livro texto (ou na própria gramática) sua dúvida será esclarecida. Caso o significado encontrado não se encaixe no texto, anote essa dúvida para poder tirar com seu tutor ou amigo estrangeiro.
- **Terceiro caso**: você não encontrou no dicionário a palavra ou qualquer outra semelhante – Nesse caso, inclua essas palavras na lista de dúvidas a serem esclarecidas por seu professor ou amigo estrangeiro.

Mantenha os cartões com você

Após a leitura do primeiro parágrafo, você provavelmente já tenha bastantes cartões com a tradução das palavras. Organize todos eles em uma carteira e a mantenha com você durante todo o dia. Sempre que tiver a oportunidade dê uma olhada neles. É interessante que você divida morfologicamente os cartões, classificando-os pela cor: verde para os substantivos, vermelho para os adjetivos, e assim por diante. Você encontra a classe morfológica de cada palavra no próprio dicionário.

Para o alto e avante!

Agora, você está pronto para o segundo parágrafo. Você perceberá que ele será bem mais fácil, visto que provavelmente estará lidando com o mesmo assunto do primeiro parágrafo. Dessa forma, várias palavras irão se repetir. Perceba como existem menos palavras grifadas no segundo parágrafo. Não importa se são palavras repetidas. Se você as aprendeu usando os *flash cards* com o vocabulário do primeiro parágrafo, está tudo certo. Siga para o terceiro parágrafo.

Não trapaceie! Não existe nada pior do que tentar enganar a nós mesmos. Não deixe que uma possível falta de interesse na primeira reportagem estudada faça você saltar para a reportagem seguinte. Lembre-se da importância da organização e disciplina.

Enquanto for terminando a reportagem, você vai perceber que existirão cada vez menos palavras grifadas. Em contra partida, você terá cada vez mais cartões. É importante que você faça um rodízio dos cartões que levará na carteira. A seleção dos cartões é bem simples: carregue aqueles que tem mais dificuldade. Quando tiver aprendido os cartões mais difíceis, troque por outros. Mais tarde, retome os cartões já aprendidos só pra testar seus conhecimentos.

CDs

Durante grande parte da história mundial, não era possível que algum autodidata (como você) aprendesse sozinho a pronúncia de um idioma. O aprendiz tinha de ficar estudando pela pronúncia ensinada no dicionário.

Com o surgimento do gravador, e posteriormente dos gravadores portáteis e mp3 players, ficou bem mais fácil aprender novos idiomas. Basta colocar os fones de ouvido e pronto: você estará pronto para estudar em seu tempo ocioso e improdutivo. É claro que as facilidades tecnológicas não substituem o estudo formal, mas definitivamente ajudam bastante.

Você está com o curso em áudio adequado?

A não ser que você esteja ouvindo um curso de áudio no idioma errado, seu curso de áudio terá grande serventia em sua empreitada. É claro que existem cursos bons e ruins de áudio, mas de qualquer forma ele só acrescentará ao seu aprendizado de um novo idioma. No mínimo, é uma excelente fonte de frases pronunciadas por nativos no idioma estudado.

Você não precisa se limitar a estudar apenas um curso de áudio. O ideal é ter um acervo de cursos, para poder navegar por diversos temas e didáticas diferentes. Particularmente gostei muito do curso de áudio Pimsleur. O único problema é que ele é destinado a americanos que desejam aprender um novo idioma. Dessa forma, é preciso que você seja fluente no idioma inglês para poder acompanhá-lo.

Quando se sentir preparado, desafie o *walkman* ou mp3 player para um duelo: comece desde o início e veja se você é capaz de entender todos os diálogos. Ao sinal do fim da lição, interrompa o curso e veja se você conseguiu identificar todos os componentes dos diálogos.

O Método Linkword

Linkword é um sistema mnemônico promovido por Michael Gruneberg nos anos 1990, para se aprender novos idiomas. O método baseia-se na semelhança entre sons e palavras.

O processo envolve a criação de uma imagem mental que vincula as palavras dos dois idiomas. Essa imagem, geralmente, é localizada em um ambiente bem conhecido pelo estudante.

- **Exemplo 1**: suponha que você pretende vincular a palavra inglesa ao seu significado no português: paz. Para isso, basta que você imagine em sua jornada uma piscina (*peace*) cheia de pombas brancas (paz).
- **Exemplo 2**: imagine que agora você queira aprender a palavra italiana *spiega*, que significa explicar, em português. Nesse caso, basta que você imagine em sua jornada aleatória uma espiga (*spiega*) de milho dando aulas e escrevendo no quadro-negro.
- **Exemplo 3**: *ventana,* em espanhol, significa janela. É possível que você imagine sua amiga Ana em sua jornada aleatória fechando de forma agressiva uma janela.

O método não é uma inovação de Gruneberg. O famoso mnemonista Harry Lorayne já escreveu sobre um método similar em seu best-seller: *Super Power Memory*, da década de 1950. Os prós e contras deste método, e suas variações, têm sido muito discutidos. Uma de suas maiores desvantagens é que se trata de um método exaustivo – inicialmente pode ser muito difícil criar imagens para cada palavra a ser aprendida. Apesar disso, com a prática é possível memorizar centenas de palavras em poucas horas.

A Cidade do Vocabulário

Essa técnica, desenvolvida por Dominic O'Brian, fundamenta-se na ideia de que um vocabulário básico é composto por coisas facilmente encontradas em um bairro, cidade ou vila. Assim, o estudante deve escolher uma cidade com a qual se familiarize e alocar imagens (usando as associações diretas entre a palavra estrangeira e a de seu idioma) em cada local por ele conhecido.

As palavras devem estar associadas a locais onde elas realmente seriam encontradas. Assim, palavras (imagens) relacionadas à padaria devem estar na padaria; aquelas referentes a vegetais e verduras devem estar no supermercado; e assim por diante.

Lembrando gêneros

Distinguir gêneros (feminino e masculino) em um idioma é bastante complicado. A fim de solucionar esse problema, propõe-se uma divisão de sua cidade imaginária em duas regiões: uma destinada para imagens masculinas e outra para as femininas. Essa divisão pode ser feita por avenidas, rios ou qualquer outro marco físico.

Algumas críticas ao método

Uma crítica ao método é a impossibilidade de se vincular a uma mesma palavra diversos significados. Na realidade, as palavras, geralmente, têm vários significados diferentes, e é preciso que os estudantes consigam identificar cada um deles. Por esse motivo é que essa técnica deve ser utilizada como uma ferramenta inicial e não como um método único de abordagem do idioma.

Isso basta?

Vale salientar que esse não é um novo método de ensino de idiomas. Na verdade, trata-se de uma ferramenta capaz de promover a aquisição de um vocabulário rico em um curto espaço de tempo. Seu emprego, aliado aos métodos formais de aprendizado, otimizará seu desenvolvimento de forma fantástica.

QUANDO COMEÇAR

Só existe um período da sua vida em que decisões acertadas podem ser definidas: hoje. Não espere a "hora certa" para iniciar o seu aprendizado. As grandes conquistas são feitas justamente nos momentos de maior dificuldade. Lembre-se também de não ser muito rígido com você mesmo. Apesar da importância da disciplina, não deixe que pequenas falhas e dificuldades adiem o seu aprendizado. As pessoas bem-sucedidas não são perfeitas; são pessoas que também erram. A diferença é que elas não desistem. Boa sorte!

MENTES CRIATIVAS

"Criatividade é permitir a si mesmo cometer erros.
Arte é saber quais erros manter."
Scott Adams

O QUE SIGNIFICA SER CRIATIVO?

Para muitos, a criatividade é algo inato, uma espécie de dom com o qual você nasce, que tende a alguma área e o desenvolve por mera habilidade.

Muitas pessoas creem neste conceito e acreditam que, se não nasceram com esse "dom", estão fadadas a viver uma vida vazia, meramente copista de modelos preconcebido. Porém, este pensamento de que a pessoa nasce criativa ou não é completamente errôneo.

A criatividade é um potencial **desenvolvido** pelo ser humano, como um trabalho intelectual de criação de coisas novas.

A capacidade de elaborar teorias, resolver problemas, produzir coisas valiosas e inovadoras – sejam elas úteis ou não –, desestruturar a realidade, reestruturando-a de diversas maneiras e a criação por meio da fusão de elementos preexistentes é o que chamamos, em um breve conceito, de **criatividade**.

Obviamente, para se criar, deve-se ter entendimento do assunto. Portanto, não existe uma fórmula mágica para a criatividade. A pessoa que almeja estimular sua criatividade deve ter consciência de que fará um trabalho intelectual para trilhar o caminho de seus objetivos.

A criatividade possui importância fundamental no desenvolvimento cognitivo humano. Estimular a criança a explorar seu campo criativo, e, com o passar do tempo, continuar a realizar atividades criativas é essencial para o desempenho operacional cerebral.

Os trabalhos mentais devem ser focados em todas as etapas da vida. A vida moderna acarreta uma certa "preguiça mental", pois, com a tecnologia ao alcance de todos, prefere-se deixar o trabalho para a máquina industrial a explorar a infinita máquina humana.

Com o passar do tempo, as consequências tendem a ser desastrosas, caso as pessoas deixem de explorar sua criatividade. Doenças do nosso século, como o mal de Alzheimer, tendem a tomar proporções cada vez maiores, o que é assustador.

Por isso, atualmente, as estratégias para se estimular a criatividade vêm sendo amplamente difundidas em diversas teorias, as quais serão explanadas no decorrer deste livro.

É importante salientar que a criatividade possui amplo destaque nas artes, na música, na ciência, nas grandes descobertas. O que teriam as pessoas que se sobressaíram nestes campos, que as demais não possuem? Será um talento inato?

Como dito no início deste capítulo, não há que se falar em "dom" ou "talento" quando trata de criatividade. O que as pessoas que se destacam no campo criativo possuem chama-se esforço intelectual. Somente com esse trabalho reiterado, é possível alcançar níveis mais profundos da criatividade humana.

Personalidades criativas

Antes de adentrarmos nosso estudo da criatividade, lembremo-nos de pessoas que se destacaram por terem criado algo de profunda importância na humanidade.

Faz-se importante essa leitura prévia ao estudo para que, a partir desses modelos, possamos buscar o que tais pessoas fizeram para se tornarem extremamente criativas. Neste liame, poderemos, quem sabe, seguir os passos destes destaques, dentro do nosso ramo de criação intelectivo.

Albert Einstein

Físico alemão nascido em 14 de Março de 1879, Einstein, famoso por sua criatividade exacerbada, criou e desenvolveu a teoria da relatividade. Sucesso mundial pelo seu talento e aparência pitoresca, o físico foi eleito como a

"Pessoa do Século" pela revista *Time*. Além dos inúmeros feitos – diga-se de passagem, os mais importantes da história da Física – Einstein ganhou o prêmio Nobel de Física em 1921 pela explicação do efeito fotoelétrico. Passou os últimos quarenta anos de sua vida tentando unificar os campos gravitacional e eletromagnético em sua "Teoria do Campo Unificado".

Ludwig van Beethoven

Beethoven foi um mestre da composição erudita alemã que viveu no período de transição entre os séculos XVIII e XIX. O rico desenvolvimento de suas obras clássicas é de notoriedade universal, as quais servem de base para orquestras do mundo inteiro. Além de demonstrar um grande talento musical, Beethoven desenvolvera-se incrivelmente no campo criativo. Inicialmente, o leitor pode imaginar que, no caso do grande gênio da música, o dom musical foi o principal motivo que o levara ao estrondoso sucesso. Na verdade, somente o talento não bastaria. Beethoven, se não tivesse desenvolvido um trabalho criativo em seu ramo, jamais teria composto suas melodias. Obviamente, o talento musical o faria buscar as tendências dos seus gostos, mas, se não fosse a criatividade, Beethoven seria apenas um instrumentista, e não o genial compositor que foi. Para desenvolver essa capacidade, ele sempre buscara se aprofundar nos conhecimentos musicais, desde criança. Aos 11 anos, já compusera suas primeiras peças. Seu notável progresso o fez buscar aprimoramentos cada vez mais, o que desenvolvia seu lado criativo, tornando-se um dos músicos compositores mais respeitados do mundo. Importante salientar que até Beethoven passou por uma fase de declínio de sua capacidade criativa. Isto se deu após 1812, quando seu problema de surdez se agravou e, ainda, diversos problemas pessoais o atingiram emocionalmente. Nesse período, o músico compôs poucas obras. Passada esta fase, Beethoven recuperou-se com toda a força e voltou produzindo como nunca: foi quando compôs a famosa "Sinfonia nº 09 em ré menor", considerada sua obra-prima

Leonardo da Vinci

O renascentista italiano Leonardo da Vinci foi um famoso pintor, escritor, poeta, músico, matemático, fisiólogo, arquiteto, químico, botânico, cartógrafo e geólogo. Tantas atribuições devem possuir uma explicação. Da Vinci foi considerado um dos maiores gênios da humanidade, e sabemos que sua criatividade se destacou em todos os ramos aqui apresentados. Interessante imaginar como um homem que viveu há quase meio milênio tenha se sobressaído em tantos vastos ramos. Este grande gênio é ainda mais conhecido por sua pintura, o quadro "Mona Lisa" sua obra mais famosa, e a mais reproduzida do mundo. Os temas muito bem criados e desenvolvidos, as tonalidades e sua intensa expressividade permeiam o campo criativo traçado por Leonardo da Vinci.

Antoine Lavoisier

Lavoisier, químico francês do século XVIII, foi o primeiro cientista a trabalhar o princípio da conservação da matéria, além de participar da reforma da nomenclatura química e de identificar o oxigênio. Lavoisier formou-se em Direito, mas jamais exerceu a profissão. Preferiu desenvolver o seu campo criativo estudando as reações e composições químicas. É também considerado o "pai da Química", pois descobriu uma das coisas mais elementares para os estudos dessa ciência: a composição da água em dois átomos de hidrogênio e um de oxigênio, qual seja, H_2O. Em sua frase universalmente conhecida, *na natureza nada se cria, nada se perde, tudo se transforma*, Lavoisier nos mostra que a criatividade se dá por meio de matérias preexistentes. Não se cria a partir do nada ou do vazio. O químico nos ensina que a criação somente é possível se houver algo em que se basear, aprofundar, esmiuçar. Para tanto, deve-se ter conhecimento da matéria-prima a ser utilizada. Evocando tais ensinamentos, entende-se que em qualquer aspecto que venhamos a exercer a criatividade, devemos buscar o entendimento daquele assunto.

São inúmeras as pessoas que se desenvolveram na capacidade criativa e se destacaram. Podemos citar, além desses citados, nomes como Voltaire, Michelangelo, Kepler, Pascal, Descartes, J. Sebastian Bach, Darwin, entre outros. Temos em destaque, nos dias atuais, Steve Jobs, Portinari, Chico Buarque, Niemeyer, e muitos outros que, a cada dia, se sobressaem criativamente, cada um no seu ramo de atuação.

Qual o segredo dessas pessoas criativas? O que fazem para desenvolver tantas habilidades?

1. Essas pessoas transcenderam à mera inteligência, dom ou talento, buscando mais do que exercer suas habilidades: criando!

2. Os valores em si são diferenciados, como paixão por uma atividade, mais motivadora do que recompensas.

3. Seus estilos cognitivos são distintos das pessoas que não trabalham no campo criativo, ou seja, vão além da inteligência inata.

4. Enfrentam os problemas que surgem com uma combinação pouco comum de forças intelectuais que as levam a abordar de forma inovadora um tema já trilhado ou delimitar uma nova área de estudo.

5. Não temem correr riscos.

Os traços de personalidade dessas pessoas costumam ser:

- Independência.
- Autoconfiança.
- Vivacidade.
- Alto grau de organização.
- Não convencionalismo.
- Dedicação.
- Ambição.
- Habilidade de trabalhar eficazmente mesmo ficando muito tempo sem dormir.

O QUE É CRIATIVIDADE?

"Criatividade consiste em olhar para a mesma coisa que todos, mas pensar em algo diferente."
Albert Szent-Györgyi (bioquímico e ganhador do Prêmio Nobel)

A FILOSOFIA DO TUBARÃO

Os japoneses sempre adoraram peixe fresco. Porém, as águas perto do Japão não produzem muitos peixes há décadas. Assim, para alimentar a sua população, os japoneses aumentaram o tamanho dos navios pesqueiros e começaram a pescar mais longe do que nunca. Quanto mais longe os pescadores iam, mais tempo levava para o peixe chegar. Se a viagem de volta levasse mais do que alguns dias, o peixe já não era mais fresco. E os consumidores japoneses, que eram o público-alvo, não gostaram do sabor desses peixes.

Para resolver esse problema, as empresas de pesca instalaram congeladores em seus barcos. Eles pescavam e congelavam os peixes em alto mar. Os congeladores permitiram que os pesqueiros fossem mais longe e ficassem em alto mar por muito mais tempo.

O público alvo, porém, conseguia notar a diferença entre peixe fresco e peixe congelado e, é claro, não gostou do congelado. Então, as empresas de pesca instalaram tanques nos navios pesqueiros. Eles podiam pescar e colocar esses peixes nos tanques, como "sardinhas".

Depois de certo tempo, pela falta de espaço, os peixes paravam de se debater e não se moviam mais. Eles chegavam vivos, porém cansados e abatidos. Infelizmente, os japoneses ainda podiam notar a diferença do gosto. Por não se mexerem por dias, os peixes perdiam o gosto de frescor. Os consumidores japoneses queriam o gosto de peixe fresco e não o gosto de peixe apático.

Como os japoneses resolveram este problema? Como eles conseguiram levar ao Japão peixes com gosto de puro frescor? Se você estivesse dando consultoria para a empresa de pesca, o que recomendaria?

Para conservar o gosto de peixe fresco, as empresas de pesca japonesas ainda colocam os peixes dentro de tanques, nos seus barcos. Mas, eles também adicionam um tubarão de pequeno porte em cada tanque. O tubarão come alguns peixes, mas a maioria deles chega "muito viva", e fresca no desembarque. Tudo porque os peixes são desafiados, lá nos tanques.

Marco Fabossi <http://www.blogdofabossi.com.br>.

O que tornaria a solução descrita acima como algo criativo? Todos possuem alguma definição idiossincrática acerca da criatividade. No entanto, todas essas definições certamente possuem algo em comum: a ideia de geração de novas ideias. Apesar de compreendermos criatividade como o processo de geração de ideias, ela não se limita a isso. As ideias geradas pelo processo criativo precisam ter alguma aplicação prática. De que valeria uma ideia inovadora, mas sem qualquer utilidade prática? Por exemplo, imagine que alguém crie um projeto que torne obrigatório o uso de energia solar como a única fonte de energia para o abastecimento de estabelecimentos residenciais, comerciais e industriais em todo o Brasil. Certamente é uma ideia criativa e benéfica para o meio-ambiente brasileiro. No entanto, o custo necessário para aplicar essa ideia seria enorme, tornando-a completamente inviável. Assim, não poderíamos classificá-la como criativa, por mais original e benéfica que seja, se não houver aplicabilidade prática. Ao contrário do que se imagina, a criatividade é uma habilidade adquirida e não um talento inato. Desse modo, com um pouco de esforço e treino, todos nós podemos nos tornar incrivelmente criativos.

Criatividade também envolve mudanças, sejam elas na maneira como olhamos as coisas ao nosso redor ou no modo como executamos nossas ações. Miles Davis costumava dizer que "se alguém quiser se manter criativo, é preciso que esteja pronto para mudar". Desse modo, alguém que faz sempre as mesmas coisas, dificilmente conseguirá ser criativo. Assim, nosso curso só requer um prerrequisito: a abertura para mudanças. Esteja pronto para mudar completamente seus paradigmas e obtenha todas as benesses de sua criatividade.

O pensamento divergente

Segundo Gardner,

> *a ideia chave na concepção de criatividade do psicólogo é o pensamento divergente. Pelas medidas padrão, considera-se que pessoas inteligentes são convergentes – pessoas que, a partir de certos dados ou de um problema difícil, conseguem chegar a uma resposta correta (ou, de qualquer forma, à resposta convencional). Em contraste, quando diante de um estímulo ou problema, as pessoas criativas costumam chegar a muitas associações diferentes, e pelo menos algumas delas são idiossincráticas e possivelmente únicas. Itens típicos num teste de criatividade pedem o máximo possível de usos para um tijolo, uma série de títulos para uma história, ou várias interpretações possíveis de um desenho abstrato: um indivíduo psicometricamente criativo pode habitualmente produzir um espectro de respostas divergentes a um item desse tipo, e pelo menos algumas delas raramente são encontradas nas respostas dos outros. (GARDNER, 1996)*

Após muitos debates acerca da criatividade e inteligência, os psicólogos chegaram a três conclusões distintas:

- Criatividade e inteligência não são a mesma coisa. Ainda que exista uma correlação entre esses dois constructos, eles são independentes, ou seja, podemos encontrar pessoas muito inteligentes e pouco criativas e vice-versa. Além disso, segundo Gardner, "(...) quando os indivíduos talentosos são examinados, fica claro que a criatividade psicométrica é independente da inteligência psicométrica, uma vez que tenha atingido o limiar de um QI de 120" (GARDNER, 1996).

• Os testes de criatividade são confiáveis. Desse modo, ao repetir um teste de criatividade em um mesmo indivíduo, os resultados costumam ser os mesmos (salvo se o indivíduo se submeter a algum treinamento para aprimorar a criatividade, como o proposto neste livro).

• Escores altos em um teste de criatividade, não indicam necessariamente que a pessoa é criativa em seu dia a dia ou campo de trabalho, ou seja, existem pessoas com altíssimo potencial criativo, mas que não criam nada. Assim, ainda que alguém possua uma enorme criatividade psicométrica, ao ignorar os princípios criativos (descritos ao final deste capítulo), todo esse potencial é jogado fora.

Experts

Um "experto" ou *expert* (em inglês), ambas derivadas do latim *expertu*, é alguém amplamente reconhecido como uma fonte confiável de técnica ou habilidade, cuja capacidade de julgar ou decidir corretamente, justamente ou sabiamente, é concedida autoridade e status por seus pares ou pelo público. Um experto, falando mais genericamente, é uma pessoa com vasto conhecimento ou capacidade numa área de estudo em particular. Expertos são chamados a opinar sobre os assuntos que dominam, mas nem sempre concordam sobre as particularidades de um campo de estudo. Acredita-se que, em virtude de treinamento, educação, profissão, publicação de trabalhos ou experiência, tenha um conhecimento especial sobre um determinado assunto que vai além daquele de uma pessoa mediana, o que é suficiente para que outros possam (oficial e legalmente) confiar na opinião do indivíduo. Historicamente, expertos eram denominados "sábios". Geralmente, um sábio era um filósofo culto, diferenciado pela sabedoria e sólido julgamento (extraído de http://pt.wikipedia.org/wiki/Experto).

O processo criativo certamente não é fácil de explicar. Não é raro ouvir alguém dizer: "a inspiração veio até mim" ou "essa ideia simplesmente apareceu em minha mente". Mesmo quando acaba de ter uma ideia genial, você geralmente não sabe de onde ela veio. No entanto, esse processo não possui nada de mágico: a criatividade é a habilidade que permite criar ou observar novos padrões que não haviam sido identificados anteriormente.

No capítulo anterior, contou-se a história de diversas personagens criativas de nossa época. Ainda que essas personagens possuam histórias bastante distintas, elas compartilham um traço em comum: todas eram experts em suas respectivas áreas de atuação. Guilford, em seu artigo chamado "Creativy", publicado em 1950, observa que "nenhuma pessoa criativa consegue avançar sem experiências ou fatos prévios; ninguém cria no vazio ou com o vazio" (GUILFORD, 1950).

Desse modo, a romântica concepção de criatividade, onde indivíduos criativos evocam suas criações de maneira quase mágica e instantânea, é uma visão bem distante da realidade. Na verdade, a criatividade envolve a produção de novas ideias, mas todas derivadas de uma base de conhecimentos já preestabelecida anteriormente. Assim, toda criação fruto de um processo criativo, por mais inédita que seja, sempre será derivada de algum outro conhecimento previamente adquirido.

Como se tornar um *expert*?

Conforme dito anteriormente, não é possível criar nada do vazio. Desse modo, se você deseja aumentar sua criatividade, o primeiro passo é se tornar um especialista em seu campo de atuação. Mas, como se tornar um especialista ou *expert?*

Ao longo dos anos, psicólogos e cientistas buscaram encontrar os motivos que levam alguns indivíduos a se tornarem tão *experts* em seus campos de atuação. As descobertas foram as seguintes:

Lei dos 10 anos

Para se tornar um grande expoente em qualquer campo de atuação geralmente se leva 10 anos de trabalho intenso. Pode parecer muito tempo, mas não é. Se você começar a estudar hoje, você levará 10 anos para se tornar um *expert.* Nesse caso, daqui 10 anos você já seria um verdadeiro *expert.* No entanto, se decidir começar a se dedicar apenas daqui 10 anos, você também levará outros 10 para completar o ciclo em direção a sua especialização. Quando você se desanimar em estudar, procure responder à seguinte pergunta: qual seria sua desculpa daqui 10 anos para não ter estudado? Possivelmente, será a mesma que você dá hoje. Insta salientar que, ao mencionar 10 anos de estudo, não me refiro necessariamente ao estudo formal, ensinado em escolas e universidades. Caso estude intensamente, em casa, nos próximos 10 anos, você também será um *expert* em sua área de atuação.

Assim, quanto mais informação você possuir armazenada, maiores as chances de recombiná-las e obter ideias originais e revolucionárias. Desse modo, ainda que você execute todos os exercícios de criatividade contidos neste livro, mas não possuir conhecimento o suficiente, todo esse trabalho será em vão.

Goste do que você faz

Experts geralmente se dedicam a suas atividades intelectuais sem esperar qualquer movitação externa ou alheia ao estudo. Ou seja, envolvem-se em seu treinamento sem esperar qualquer tipo de recompensa. É precípuo salientar que gostar do que faz não é o mesmo que fazer o que gosta. O ser humano é totalmente adaptável e, por muitas vezes, acaba por se condicionar a gostar de determinadas tarefas, simplesmente pelo fato de ser impossível se livrar delas.

Sua criatividade oculta

Peter Dean, um artista, uma vez disse: "Eu sou um mágico através do qual as imagens de nosso tempo passam e se tornam pinturas. Eu sou capaz de converter a realidade em fantasia e vice-versa. Eu sou um malabarista de texturas e cores. Eu sou o a cartomante do passado e o profeta do futuro. Eu piloto um furacão, sou o equilibrista que passeia pela linha da sanidade. Eu vivo no topo do mundo".

"Eu vivo no topo do mundo." Essa frase descreve perfeitamente os sentimentos de alguém totalmente imerso em sua alma interior. Uma pessoa que está descobrindo suas potencialidades e as traduz com criações que alteram o mundo exterior.

Uma pessoa que batalha para desenvolver todas suas potencialidades é descrita por Maslow como uma pessoa autorrealizada. Em sua pesquisa, Maslow descobriu que uma pessoa autorrealizada possui diversas características específicas.

- Percebe a realidade de maneira acurada e objetiva.
- Tolera e até mesmo gosta da ambiguidade.
- Não se sente ameaçado pelo desconhecido.
- Aceita a si mesmo da maneira como é, sem se comparar com os demais.
- É espontâneo, natural e genuíno.

- Não é egoísta, possuindo uma filosofia de vida e até mesmo uma missão para a vida.
- Precisa de mais privacidade e de momentos para ficar só do que as pessoas comuns.
- É capaz de se concentrar intensamente.
- É independente, autossuficiente e autônomo.
- Tem menos necessidade de luxos e mimos.
- Possui uma enorme capacidade de apreciar as experiências mais simples.
- É muito bem humorada e possui habilidade para lidar com o estresse.
- É altruísta e benevolente.
- É extremamente ética e moral individualmente, ainda que fuja das convencionalidades.
- Possui um excelente senso de humor, que é construtivo e não destrutivo.
- É criativa e original, possuindo enorme capacidade em evocar respostas simples para problemas complexos.
- É capaz de avaliar as culturas (inclusive a sua) criticamente.

Se você deseja ser mais criativo, a autorrealização é um dos primeiros passos a serem seguidos. Desse modo, em busca de sua criatividade, busque seguir os 17 passos acima em busca de um maior autoconhecimento. Assim, como em qualquer outro campo, uma pessoa autorrealizavel possui uma gama de ferramentas para romper seus próprios limites e realizar feitos cada vez mais incríveis.

Jan Carlzon, CEO da *Scandinavian Airlines Systems*, uma vez disse:

"Eu possuo uma frase que utilizo para incentivar aqueles que se sentem desanimados perante objetivos tão impossíveis quanto 'correr através de paredes'. Seu objetivo pode realmente parecer impossível, mas não desista. Persista até que seu pensamento crítico realmente não lhe permita continuar tentando. Muitas vezes, as paredes que você pretende atravessar não são tão consistentes como você imagina. Talvez, sejam apenas divisórias de isopor, através das quais você pode atravessar facilmente."

Traços de pessoas criativas

Muitos cientistas têm estudado pessoas criativas com o objetivo de descobrir traços comuns entre elas e, por conseguinte, a gênese da criatividade. A maioria dos estudos descobriu que pessoas criativas compartilham alguns traços comuns entre si:

• **Coragem**: pessoas criativas ousam inovar e assumem riscos. Richard L. Weaver II, professor da *Bowling Green University*, uma vez disse que "a criatividade é o desejo de se divertir em território desconhecido".

• **Expressão**: pessoas criativas não têm medo de expressar seus pensamentos e sentimentos.

• **Humor**: o humor está muito relacionado à criatividade. O que torna uma piada engraçada? Certamente algum componente inusitado e incongruente. Assim, pessoas bem humoradas costumam ser muito criativas.

• **Intuição**: pessoas criativas assumem que a intuição é um componente importantíssimo de sua personalidade. Segundo o dicionário, intuição é uma predisposição especial para apreender rapidamente determinados conhecimentos. Assim, se quiser ser mais criativo, não julgue seus pensamentos intuitivos.

Outros traços psicológicos foram identificados por David N. Perkins, codiretor do chamado "Projeto Zero" (projeto de criatividade) da universidade de Harvard, a saber:

• Uma vontade muito intensa de encontrar ordem em alguma situação caótica.

• Um interesse muito específico em encontrar problemas inusitados e soluções ainda mais diferentes.

• Habilidade em criar novas conexões e desafiar o senso comum.

• Habilidade em balancear o processo de criação de ideias e o processo de julgamento das mesmas.

• Desejo intenso de atravessar as barreiras de sua competência.

• Motivação intrínseca pelos problemas, em vez de recompensas exteriores como boas notas, dinheiro ou reconhecimento.

Por que a criatividade não é ensinada nas escolas? O sistema educacional atravessa tantos reveses (falta de verba, drogas, fracasso escolar...) que ensinar criatividade ou técnicas mnemônicas torna-se um luxo aparentemente dispensável. No entanto, o que as autoridades competentes não percebem é que o investimento em alguma técnica de superação pessoal (criatividade, mnemônica...) tornaria os estudantes mais capazes de lidar com todos esses problemas.

Devido ao fenômeno da autoeficácia, crianças costumam ser naturalmente criativas, bem-humoradas e fogem das regras convencionais. Em contrapartida, as escolas incentivam apenas a disciplina, conformidade, silêncio e regurgitação das respostas que o professor deseja ouvir. Desse modo, devido ao medo de fracassar, a criatividade das crianças acaba por ser completamente dizimada. Assim, os bons hábitos e exercícios para a criatividade aprendidos neste livro poderão apagar todos os traços negativos deixados por nosso sistema educacional, permitindo que você alcance as suas mais altas possibilidades.

Uma vez que as pessoas descobrem seu potencial criativo, elas tendem a se tornar mais independentes, entusiásticas, espontâneas, minuciosas, curiosas e bem-humoradas.

Ainda que seja importante reconhecer os traços que despertam a criatividade, é ainda mais importante que cada um de nós é dotado da habilidade de criar. Esse reconhecimento é capaz de diminuir os perigosos condicionamentos impostos pelo sistema educacional.

O PROCESSO CRIATIVO

O processo criativo costuma ser divido nos seguintes estágios:

- **Preparação**: neste estágio, o indivíduo busca coletar o máximo de informações acerca de seu tópico de criação. Conforme dito anteriormente, nenhuma criação surge do vácuo. Por exemplo, imagine que você é um publicitário contratado para criar uma nova campanha para uma fábrica de pneus. Se você não conhecer nada sobre essa empresa e sobre pneus, como poderá criar alguma coisa?
- **Incubação**: às vezes, uma ideia criativa é como uma fera tímida que mora em uma caverna. Quanto mais você penetrar na caverna, mais longe estará a fera. Desse modo, o processo criativo, às vezes, demanda um processo de incubação: você deixa o projeto de lado, pensa em outras coisas, até voltar novamente a ele. Muitas vezes, a ideia brilhante surgirá no momento que você menos espera. Quem não se lembra de Arquimedes? Segundo contam, ele estava tomando banho em sua banheira quando teve um *insight* acerca de um dos enunciados mais importantes da hidrostática: "Todo corpo mergulhado total ou parcialmente em um fluido sofre uma impulsão vertical, dirigido de baixo para cima, igual ao peso do volume do fluido deslocado, e aplicado no centro de impulsão".
- **Iluminação**: e*Eureka*! É nesse momento que sua ideia surge de maneira aparentemente mágica. Na maior parte das vezes, ela aparece em um momento em que você se encontra completamente relaxado ou fazendo alguma atividade que não possui qualquer relação com sua ideia genial.

• **Julgamento:** após obter todas as ideias possíveis, é a hora de julgá-las criticamente. É possível implementá-las? Será lucrativo? Quais os fatores envolvidos na sua implementação?

• **Implementação**: caso você tenha seguido todos os passos anteriores, esse é o estágio mais fácil: bastará implementar sua ideia genial, decidir o número de pessoas envolvidas com o projeto e anotar os custos.

Em nosso curso, assim como em qualquer treinamento para a criatividade, iremos nos ater aos estágios de *preparação* e *iluminação*. O motivo é simples: essas são as etapas mais importantes do processo criativo, sem as quais, nada funcionaria.

AUMENTANDO A CRIATIVIDADE

"Um aspecto essencial da criatividade é não ter medo de fracassar."
Dr. Edwin Land

Estímulos para a criatividade

Nossas lembranças são evocadas devido à presença de algum estímulo, a que chamamos de gatilho de memória. Quem nunca passou pela nostálgica experiência de assistir a um antigo seriado, presente em nossas infâncias, nos dias de hoje? Ou então, a nostálgica experiência de se visitar um antigo colégio onde estudamos? Essas experiências são poderosos gatilhos de memória, capazes de nos fazer evocar diversas lembranças, sejam elas positivas ou negativas. Algo similar ocorre durante o processo criativo. Nossas mentes são verdadeiras bibliotecas de ideias. As ideias já estão lá, aguardando o momento certo para serem evocadas. No entanto, é preciso que ocorra a estimulação adequada para que essas ideias venham à tona.

Ao longo deste livro, aprenderemos diversas técnicas que permitem o aprimoramento das ideias geradas durante seu processo criativo. No entanto, independente da técnica utilizada, é preciso que exista a estimulação adequada para que o máximo de ideias criativas venham à tona. É essa estimulação adequada que este capítulo se propõe a explicar. Assim, aprenderemos os seguintes princípios criativos:

1. Criação *versus* avaliação.
2. Seja questionador.
3. Ceticismo ativo.
4. Evite o pensamento padronizado.
5. Crie novas perspectivas.
6. Tome riscos calculados.

Criação *versus* avaliação

Esse é o princípio mais importante do processo criativo. Ao gerar novas ideias, separe a criação da avaliação. Você dificilmente será capaz de atingir seu potencial criativo se não seguir esse princípio. O motivo é simples: o processo criativo envolve dois tipos de pensamento – o convergente e o divergente. Desse modo, o processo de criação de novas ideias é um processo divergente, visto que se deseja obter o maior número possível de ideias. Em contrapartida, o processo de avaliação de ideias é um processo convergente, já que, dentre as diversas ideias geradas, deseja-se selecionar aquelas que são mais interessantes e convenientes. Assim, ao tentar-se fazer as duas atividades ao mesmo tempo (criação e avaliação), você possivelmente não fará qualquer uma das duas adequadamente.

Especialistas na solução de problemas, costumam dividir o processo criativo em dois momentos distintos. Inicialmente, eles geram o maior número possível de ideias. Em seguida, fazem a avaliação de todas as ideias geradas.

Infelizmente, é comum tentar fazer os dois processos simultaneamente. Pense em um exemplo esdrúxulo: você precisa criar um novo sabor de pizza. Imagine que, durante o processo de criação, você eleja cogumelos como um possível ingrediente. Nesse momento, diversas ideias avaliativas podem surgir: "cogumelos são caros", "nem todos gostam de cogumelos", "uma pizza de cogumelos pode ser enjoativa"... Todas essas ideias acabam por limitar o processo criativo, visto que o impedem de pensar em outros possíveis ingredientes. Além disso, ideias avaliativas prematuras costumam agregar pessimismo e pensamentos negativos, diminuindo o potencial criativo. Assim, antes de iniciar qualquer processo de geração de ideias, lembre-se que a melhor maneira de se gerar novas ideias é impedir o julgamento. Desse modo, deixe qualquer análise e o pensamento crítico para *posteriori*, após todas as ideias possíveis já terem sido geradas. Posteriormente, avalie os prós e contras de cada uma das ideias geradas.

Seja questionador

Evitar o questionamento é possivelmente uma das atitudes mais contraproducentes durante algum processo criativo. Uma vez, Einstein disse que, se ele estivesse prestes a ser assassinado e tivesse apenas uma hora para descobrir uma maneira de se salvar, ele dispenderia os primeiros 55 minutos dessa uma hora buscando pela pergunta correta. Segundo ele, após obter a pergunta correta, sua solução não levaria mais de cinco minutos.

Mas como se tornar mais questionador? Como descobrir a pergunta correta? Albert Einstein nos dá uma pista: "o importante é nunca parar de questionar". Independente do assunto que você pretende pensar a respeito, certamente o questionamento facilitará a compreensão dos fenômenos ao seu redor. Uma boa estratégia para iniciar os questionamentos é se apoiar nas famosas *wh questions*, da lingua inglesa:

- *Who* (Quem)?
- *Where* (Onde)?
- *What* (O quê?)?
- *When* (Quando)?
- *Why* (Por quê)?
- *How* (Como)?

Suponha que você é um diretor de projetos de uma grande empresa e lhe foi solicitado desenvolver algum projeto que minimize os gastos mensais com energia elétrica. As famosas *wh questions* podem nortear seu pensamento: "Quais os processos que mais dispendem energia?", "Como podemos minimizar o consumo elétrico nesses processos?", "Quando devemos iniciar a economia?", dentre outros.

Questione o máximo possível. Dessa forma, você compreenderá a situação problema de maneira plena, podendo resolvê-la da maneira mais lucrativa e conveniente possível.

Ceticismo ativo

Ao deparar-se com alguma ideia completamente nova ou algum episódio que vai totalmente contra o paradigma vigente, as pessoas costumam tomar uma das duas atitudes:

- Aceitar essa ideia ou fenômeno sem oferecer qualquer resistência ou crítica.
- Rejeitar completamente essa ideia ou fenômeno.

Em qual das duas você costuma se encaixar? Ambas as atitudes são equivocadas. A melhor atitude perante novas ideias ou fenômenos desconhecidos é utilizar o ceticismo ativo. Veja nos exemplos abaixo como as duas atitudes, quando tomadas sem critério, podem ser desastrosas.

Invenção dos raios X

Quando Wilhelm Roetgen anunciou em 1895 ter encontrado uma misteriosa forma de energia capaz de atravessar o corpo humano e fotografar seus ossos, os cientistas tornaram-se compreensivelmente céticos. Afinal, fotografar ossos realmente fugia completamente da realidade tecnológica da época. No entanto, sem fazer qualquer tipo de perícia ou estudo, o lorde William Thomson Kelvin, presidente da sociedade real inglesa, anunciou: "o tempo mostrará que os Raios X são um boato infundado".

Nessa mesma época, Thomas Edison inventava o fonográfico (precursor do gramofone). Ao analisá-lo, um membro da Academia Francesa de Ciências fez o seguinte relatório a seus pares: "Cavalheiros, eu examinei pessoalmente os fonográficos do Sr. Thomas Edison e descobri que se trata apenas de um ventriloquismo sofisticado".

Kelvin e seu colega francês, devido a seu pensamento dogmático, foram céticos absolutos. Apesar de sua aparente objetividade, o cético absoluto não contribui para o pensamento científico. Ser cientista é compreender que o princípio da refutabilidade de Popper, que nos diz que há uma condição fundamental para que qualquer hipótese tenha o estatuto de teoria científica: essa hipótese tem de ser *falsificável*. O importante não é definir o que é verdadeiro ou falso e sim distinguir a ciência da pseudo-ciência, sabendo muito bem que por vezes a ciência erra e a pseudo-ciência, por ser dogmática, sempre acerta.

Telepatia?

Há alguns anos, um grupo de parapsicólogos pensou ter encontrado a prova definitiva da existência da telepatia. Em seus estudos, cientistas ocultavam uma carta de baralho e testavam a capacidade que indivíduos possuíam para "descobrir" qual era a carta oculta. Inacreditavelmente, alguns desses sujeitos eram capazes de obter uma média de acerto que, estatisticamente, seria impossível pelo método da tentativa e erro (o popular "chute"). Assim, os parapsicólogos afirmaram: "Foi telepatia".

Felizmente, alguns cientistas dotados do ceticismo ativo quiseram verificar os dados obtidos. Ao repetirem o experimento, observaram que não, os supostos telepatas não estavam lendo a mente de ninguém. Na verdade, eles estavam fazendo leitura da linguagem corporal: de alguma forma, eles descobriram qual carta o cientistas seguravam apenas avaliando a maneira como o pesquisador os olhava.

Nesse caso, o segundo grupo de cientistas assumiu uma postura de céticos ativos. Talvez, ao se deparar com algum estudo desse tipo, a primeira atitude seja a de rejeitá-lo completamente. No entanto, essa atitude torna-se tão dogmática quanto a aceitação dessas ideias sem questionamento. Assim, o cético ativo é aquele que não apenas aceita ou rejeita uma ideia nova, mas também busca o máximo de dados objetivos capazes de comprová-la ou refutá-la.

Evite o pensamento padronizado

Condicionamento clássico

O experimento que elucidou a existência do condicionamento clássico envolveu a salivação condicionada dos cães (*Canis lupus familiaris*) do fisiólogo russo Ivan Pavlov. Estudando a ação de enzimas no estômago dos animais (que lhe deu um Prêmio Nobel), interessou-se pela salivação que surgia nos cães sem a presença da comida. Pavlov queria elucidar como os reflexos condicionados eram adquiridos. Cachorros naturalmente salivam por comida; assim, Pavlov chamou a correlação entre o estímulo não condicionado (comida) e a resposta não condicionada (salivação) de reflexo não condicionado.

Todavia, ele previu que, se um estímulo particular sonoro estivesse presente para os cães quando estes fossem apresentados à comida, então esse estímulo poderia se tornar associado com a comida, causando a salivação; anteriormente, o estímulo sonoro era um estímulo neutro, visto que não estava associado com a apresentação da comida. A partir do momento em que há o pareamento de estimulações (entre som e comida), o estímulo deixa de ser neutro e passa a ser condicionado. Pavlov referiu-se a essa relação de aprendizagem como reflexo condicionado.

Condicionamento operante

O conceito de "condicionamento operante" foi cunhado pelo psicólogo Burrhus Frederic Skinner. Este refere-se ao procedimento por meio do qual é modelada uma resposta (ação) no organismo por meio de reforço diferencial e aproximações sucessivas. Então a resposta gera uma consequência que afeta a sua probabilidade de ocorrer novamente; se a consequência for reforçadora, aumenta a probabilidade, se for punitiva, além de diminuir a probabilidade de sua ocorrência futura, gera outros efeitos colaterais. Este tipo de comportamento que tem como consequência um estímulo que afete sua frequência é chamado "comportamento operante".

Ao longo de nossa vida, somos expostos a diversos tipos de condicionamentos. Quantas vezes você não ouviu algum professor dizer: "Pare de ficar imaginando", "Saia do mundo da lua"... Essas frases são apenas alguns exemplos dos condicionamentos a que nos submetemos desde a infância. Assim, para se tornar criativo, será necessário acabar com alguns desses condicionamentos.

Comportamento limitado pelo hábito (CLH)

Tente fazer esse pequeno exercício: cruze seus braços da maneira como você está acostumado. Observe qual de suas mãos está acima de um de seus braços. Por exemplo, no meu caso, minha mão direita está acima do meu braço esquerdo. Agora, rapidamente inverta essa posição (em meu caso, minha mão esquerda deverá ficar acima de meu braço direito). Você observará que a segunda posição é muito mais difícil – não é "natural".

Agora, iremos a um segundo exercício: feche suas mãos de maneira que seus dedos da mão esquerda fiquem de modo alternado em relação a seus dedos da mão direita – posição em que muitas pessoas costumam realizar preces ou orações. Observe que um de seus dedos indicadores está acima do outro – em meu caso, o dedo indicador da mão esquerda está acima do dedo indicador da mão direita. Rapidamente, inverta essa posição. Como deve ter observado, essa não é uma tarefa tão fácil assim – ao menos, é incômoda.

O que você acabou de experienciar chama-se "comportamento limitado pelo hábito", ou CLH. Todos possuímos uma maneira confortável e segura de fazer as coisas. E não existe qualquer problema em procurarmos alguma segurança em nossos hábitos e rotina. O problema surge quando sentimos alguma necessidade de fugir desses hábitos. Qualquer pensamento acerca de se fazer algo de diferente pode ser aterrorizante. Em contrapartida, o pensamento criativo requer que façamos justamente isso: fugir daquilo que foi padronizado.

Tente realizar as atividades abaixo sozinho ou com seus colegas e você perceberá a força que o CLH possui sobre nosso comportamento.

- Primeiro, repita a palavra EMA três vezes. Em seguida, pergunte rapidamente: "O nome da parte clara do ovo é?" Apesar de a resposta ser óbvia: CLARA, o CLH fará com que a maioria das pessoas responda GEMA.
- Primeiro, repita a palavra LOMBO três vezes. Em seguida, pergunte rapidamente: "Quem descobriu o Brasil foi?" Mais uma vez, apesar de a resposta ser óbvia: CABRAL, muitas pessoas respondem COLOMBO.

Algumas outras perguntas que envolvem o CLH

1. Você encontrou uma caixa de fósforos com apenas um palito. Num quarto há uma vela, um lampião e uma lareira. Qual você acenderia primeiro?

2. Você está participando de uma corrida e ultrapassa o segundo colocado. Em que posição você fica?

3. Se você está dirigindo um ônibus para Salvador, em uma parada descem 25 passageiros e seguem 20. Qual o nome do motorista?

4. Quantos animais de cada espécie Moisés colocou na arca?

5. Um tijolo pesa 1 quilo mais meio tijolo. Quanto pesa um tijolo e meio?

6. O pai de Maria tem cinco filhas: Lalá, Lelé, Lili, Loló e?

7. No dia 7 de setembro comemoramos o dia da Independência. Em Portugal existe 7 de setembro?

8. Uns meses têm 31 dias, outros apenas 30 dias. Quantos meses têm 28 dias?

Respostas:

1. O fósforo.

2. Segundo lugar.

3. Você é o motorista.

4. Moisés não colocou animais em arca alguma.

5. Três quilos.

6. Maria.

7. Claro que existe.

8. Todos os meses.

Saindo dos trilhos do pensamento cotidiano

Todos os exercícios acima mostram como é difícil mudarmos nossos hábitos e atitudes. Nos tornamos tão acostumados com a maneira como fazemos as coisas, que acabamos perdendo nossa habilidade em testar novas possibilidades.

O que fazer para evitar o CLH? O melhor exercício contra esse fenômeno é o aumento de nossa capacidade de concentração e observação. Ao aumentarmos essas qualidades, ficamos mais alertas ao nos depararmos com alguma armadilha decorrente do CLH.

Observação

A única maneira de se aumentar a observação é cultivando o hábito de observar conscientemente. Tente fazer o seguinte exercício de observação: escolha um objeto com o qual você tenha bastante familiaridade e o esconda (um relógio por exemplo). Tente desenhar esse objeto sem olhá-lo.

Quais detalhes você se esquece? Quais detalhes você inseriu no desenho e nem existiam no objeto original? No caso de fazer o exercício com relógios, é comum as pessoas até inserirem números ou símbolos que simplesmente não existem.

Um outro exercício pode ser feito enquanto você se dirige ao seu trabalho, escola ou universidade. Durante seu trajeto, procure por algo que você não havia observado antes. Após algumas manhãs de prática, você ficará impressionado com os resultados que obterá.

Para quebrar padrões de pensamento ou comportamento, é necessário um esforço consciente. Assim, o primeiro passo é descobrir qual de seus hábitos é um CLH. Em seguida, procure mudá-lo de maneira deliberada.

Crie novas perspectivas

Muitos estudantes e professores de PNL (programação neurolinguística) são familiarizados com a figura seguir:

Esta figura foi criada pelo cartunista W. E. Hill e foi publicada originalmente na revista *Puck*, no dia 6 de novembro de 1915 – um sábado eu poderia dizer – e foi entitulada de "Minha mulher e Minha sogra". Esse título justifica-se por um motivo simples: de acordo com a perspectiva que o observador utiliza, ele poderá ver uma jovem (a esposa) ou uma mulher velha (a sogra).

O cartum ilustra o fenômeno da mudança de perspectiva. Para produzir algo genuinamente original é preciso que haja uma mudança de perspectiva, uma quebra de paradigmas. É essa mudança de perspectiva que permite que o indivíduo criativo veja conexões entre conceitos aparentemente desconexos.

Um outro excelente exemplo de mudança de perspectiva é descrito em uma ótima fábula escrita por Marco Fabossi, em seu blog.

Havia um cego sentado na calçada em Paris, com um boné a seus pés e um pedaço de madeira que, escrito com giz branco, dizia:

"**Por favor, ajude-me, sou cego**".

Um publicitário, que passava em frente a ele, parou e viu umas poucas moedas no boné e, sem pedir licença, pegou o cartaz, virou-o, pegou o giz e escreveu um texto diferente, voltou a colocar o pedaço de madeira aos pés do cego e foi embora.

Pela tarde o publicitário voltou a passar pelo cego que pedia esmola, porém, agora, o seu boné estava repleto de notas e moedas. O cego reconheceu as pisadas do publicitário e lhe perguntou se havia sido ele quem reescreveu seu cartaz, sobretudo querendo saber o que havia escrito ali.

O publicitário então respondeu:

– Nada que não esteja de acordo com o seu anúncio, mas com outras palavras.

E completou:

"**Hoje é primavera em Paris e eu não posso vê-la.**"

(Marco Fabossi) Blog do Fabossi http://www.blogdofabossi.com.br.

Assim, ao alterar-se a perspectiva, novas possibilidades são criadas! Utilize desse princípio para aumentar sua criatividade.

Criando conexões criativas

Nem todo mundo consegue estabelecer conexões criativas facilmente. Às vezes, nos tornamos tão próximos de nossos problemas, que acabamos por nos perder em seus detalhes. Nos EUA, é comum uma expressão que exemplifica essa situação de maneira muito clara: "Devido as árvores, não pude ver a floresta". De um lado, envolver-se inteiramente com o problema automaticamente aumenta nossa compreensão à respeito dele. Em contrapartida, muito conhecimento pode causar o fenômeno da perseveração, descrito anteriormente. Então, qual seria a solução em meio a esse impasse? Existiria uma solução? Sim, a mudança de perspectiva. Os exercícios que você descobrirá ao longo de nosso curso exercitarão justamente isso.

Corra riscos calculados

Henry Ford costumava dizer que o fracasso é uma excelente forma de se recomeçar, mas de maneira mais inteligente. Você nunca conseguirá ser um pensador criativo se não tiver fracassado. Quando questionado sobre o segredo do seu sucesso, Michael Jordan disse: "Eu errei mais de 9.000 arremessos em minha carreira, eu perdi quase 300 jogos. 26 vezes, confiaram a mim a oportunidade de fazer o arremesso final para vencer o jogo e eu perdi. Eu falhei várias vezes em minha vida. E é por isso que eu tive sucesso".

O pensamento criativo envolve um certo risco calculado. Muitas vezes tememos tomar riscos, porque eles podem trazer o fracasso. Afinal, quem gostaria de ser rotulado como fracassado? No entanto, todos precisamos tomar alguns riscos se quisermos ter alguma chance de sucesso em nossas atividades.

O que seriam os riscos calculados? Obviamente, nem todos os riscos são iguais. Os riscos envolvidos na implementação de um projeto geralmente são bem mais sérios e complicados que os envolvidos com a geração de ideias. Imagine que você monta um evento de maneira displicente, sem analisar os riscos envolvidos com sua implementação. Certamente, você pode perder todo o dinheiro investido! Em contrapartida, qual é o risco de termos novas ideias? Soarmos estúpidos? Ou ingênuos? Assim, costumo chamar o risco de gerar novas ideias de riscos calculados.

Alguns Produtos Frutos da Criatividade

A seguir, há os nomes de alguns inventos muito usados hoje, mas que, para surgirem, exigiram de seus criadores uma grande dose de criatividade. Observe a importância de se utilizar todos os princípios descritos anteriormente.

Gillette

King Camp Gillette, em 1895, percebeu que, para se barbear, apenas era necessária a ponta da lâmina da navalha. Pensou então em fabricar uma lâmina de aço pequena e descartável. Os industriais não acreditavam ser possível fazer uma lâmina pequena, de bom corte e barata a ponto de ser jogada fora depois. Com a ajuda do mecânico William Nickerson, resolveram os problemas técnicos. Assim surgiu a Gillette Safety Company, em 28 de setembro de 1901. A produção começou em 1903 e no primeiro ano foram vendidos 51 aparelhos e 168 lâminas. Os negócios dispararam em 1905. Durante a Primeira Guerra Mundial, o governo americano encomendou 3,5 milhões de aparelhos e 36 milhões de lâminas para os seus soldados. Nessa época, a empresa já vendia 1 milhão de aparelhos e 120 milhões de lâminas por ano. A Gillette lançou o conceito de 2 lâminas paralelas em 1971 e o Sensor, em 1990.

Post-it

Em 1968, Spencer Silver, cientista da 3M, pesquisava um adesivo muito aderente, quando alguma coisa deu errado. O resultado foi um adesivo fraco, que aderia levemente à superfície em que era colocado. Silver espalhou a notícia na esperança de encontrar alguém que pudesse utilizar o seu invento. Enquanto isso, Art Fry, outro químico da 3M e membro de um coro de igreja, não conseguia manter presas as tiras de papel que utilizava para marcar as páginas das músicas. Lembrou-se, então, do adesivo descoberto pelo colega. Os dois perceberam que haviam descoberto um conceito totalmente novo em blocos de recados. Enquanto o adesivo era aperfeiçoado, Art Fry enviava amostras às secretárias e executivos da 3M. Todos solicitavam mais. Em 1980, os blocos de recados Post-it chegaram ao mercado.

Teflon

O teflon foi descoberto quando se abriu um caminhão que transportava tetrafluoretileno, uma substância gasosa refrigerante, e se percebeu que não havia mais gás algum escapando de dentro do tanque. Um químico da indústria americana Du Pont, depois de determinar que não houvera falha na válvula do tanque, resolveu por curiosidade serrar o mesmo e investigar seu interior. Descobriu então que se formara um pó branco ceroso, resultado da combinação das moléculas do tetrafluoretileno, num processo de polimerização. Por meio de análises posteriores, descobriu-se que este novo polímero tinha propriedades notáveis. Era inerte a ácidos, álcalis e calor e extremamente escorregadio. Por estas propriedades, o produto foi aprimorado e passou ser empregado em diversos segmentos da indústria.

INIMIGOS DA CRIATIVIDADE

"A função do homem criativo é perceber e conectar aquilo que parece completamente desconexo."
William Plomer (escritor)

Autoeficácia

De acordo com Bandura, o conceito da autoeficácia refere-se à avaliação que um indivíduo faz de sua habilidade de realizar uma tarefa dentro de um certo domínio. A teoria da autoeficácia prevê que o nível de confiança do indivíduo em suas habilidades é um forte motivador e regulador de seus comportamentos. Bandura defende que o indivíduo que se percebe capaz de realizar uma determinada tarefa, faz maior esforço para realizá-la, tem maior motivação para concluí-la e persevera mais tempo na sua realização do que o indivíduo com baixa autoeficácia (SANCHES, 2005). Assim, o simples fato de você acreditar que não pode ser criativo, já o torna uma pessoa incapaz de realizar qualquer ato criativo.

Bloqueios da criatividade

Devido ao fenômeno da autoeficácia, nós precisamos eliminar todas as barreiras mentais que nos previnem de explorar toda nossa potencialidade criativa. De todas essas barreiras mentais, a mais poderosa é aquela voz em nossa cabeça que fica constantemente nos dizendo diversos motivos pelos quais não somos capazes de fazer algo ou por que nossa ideia não funcionará.

Eugene Raudsepp, autor da série de livros "Jogos para o crescimento criativo", apelidou essa voz interior de "ganido-mental". Certamente, essa voz interna tem grande valor na etapa de avaliação ou julgamento de uma ideia. No entanto, ela precisa ser suspensa durante o processo de geração de novas ideias. O motivo é simples: ao suspendermos a censura durante o processo de geração de ideias mantemos nossa mente livre e sem medo de julgamento, possibilitando o encontro de muito mais possibilidades e ideias.

Grande parte desse julgamento prévio de ideias é fruto de nossa tentativa em sermos constantemente lógicos e racionais. Roger von Oech chama essas barreiras de "bloqueios mentais". Esses bloqueios nos impedem de sermos criativos. Veja alguns dos "bloqueios mentais" descritos por Oech:

- **A resposta certa**: muitos de nós somos ensinados a sempre encontrar a resposta correta. Em consequência disso, temos pouquíssima prática em gerar o máximo de ideias possíveis. Emile Chartier costumava dizer que "nada é mais perigoso do que uma ideia, quando ela é a única que temos".

• **Isso não é lógico**: aplicar algum julgamento lógico durante a criação de ideias é a melhor maneira de se limitar o pensamento criativo. Assim, deixe qualquer julgamento para a etapa de avaliação de suas ideias.

• **Isso vai contra as regras**: as regras são importantes. No entanto, elas podem levar seu pensamento a um estado de condicionamento. Durante o processo criativo, não devem existir regras, apenas ideias. Picasso, sabendo disso, costumava dizer que "todo ato de criação é, antes de tudo, um ato de destruição". Destruição das regras e pensamentos que limitam o processo criativo.

• **Isso não é prático**: o questionamento sobre a praticidade de sua ideia é mais um julgamento que se deve evitar. As ideias mais estúpidas podem se tornar brilhantes, se não forem ceifadas no período de criação. Às vezes, bastam alguns ajustes no período de avaliação para que elas se tornem úteis.

• **Evite a ambiguidade**: muitas vezes, uma aparente ambiguidade inicial esconde grandes relações entre as ideias geradas. Ao evitar a ambiguidade, você evita o pensamento divergente e acaba por minar seu potencial criativo.

• **Errar é errado**: não é de se admirar que, em uma sociedade meritocrática como a nossa, as pessoas tenham medo de errar. No entanto, conforme dito anteriormente, dificilmente a sua melhor ideia será a primeira que surgir em sua mente. Assim, o segredo das pessoas altamente criativas é simplesmente ter milhares e milhares de ideias. Se apenas uma delas for realmente brilhante, errar terá valido muito a pena.

• **Não seja tolo**: não se preocupe em soar tolo ou idiota durante a geração de novas ideias.

• **Não sou criativo**: o fenômeno da autoeficácia atinge a criatividade de maneira inacreditável. Assim, como disse Henry Ford: "Se você acha que pode ou que não pode, você está certo".

Um outro grande entrave para o processo criativo é dizer "isso não é da minha área. Assim, não tenho condições de desenvolver nada por aqui". Muitas das grandes descobertas aconteceram porque um grande especialista invadiu uma área na qual ele não tinha tanto domínio assim. Ainda que a *expertise* seja importante, às vezes, certas doses de ignorância nos libertam dos paradigmas de CLH que por ventura possam surgir. Daniel Boorstin, uma vez disse: "O maior obstáculo para o progresso não é a ignorância e sim a ilusão do conhecimento".

Lidando com a rejeição

- Dr. Seuss, famoso escritor e cartunista norte-americano, teve seu primeiro livro rejeitado por 28 editoras.
- Harry Warner, dos estúdios Warner Brothers, disse em 1927: "Mas quem se interessaria em ouvir os atores falando?"
- Chester Carlson, criador da tecnologia para cópias xerográficas (xerox), teve seu grandioso invento rejeitado por 21 empresas diferentes.

Todos nós enfrentamos a rejeição em algum momento de nossas vidas. A rejeição pode surgir por dois motivos diferentes. O primeiro motivo é o seguinte: ainda que estejamos desenvolvendo algo incrível, as pessoas ao nosso redor não são capazes de valorizar nossas conquistas. O segundo é óbvio: fizemos alguma coisa de errado. O grande desafio da mente criativa é enfrentar cada rejeição como um simples resultado, seja ele bom ou ruim. Imagine uma criança que está aprendendo a andar. Ela possui grande capacidade em lidar com suas falhas. Pense como seria se todos nós, quando bebês, desistíssemos na primeira queda? Certamente nenhum de nós seria capaz de andar novamente.

Aprender a lidar com rejeições, fracassos e frustrações é parte vital do processo criativo. Quando aprendemos a lidar com esses fatores e somos capazes de seguir adiante, nós nos tornamos mais fortes e confiantes. Em contrapartida, quando não somos capazes de lidar com esses fatores, podemos parar de tomar a iniciativa e tomar atitudes. Isso pode acabar com seu processo criativo.

Uma boa estratégia para aprender a lidar com a rejeição e o medo de criar é simplesmente imaginar: o que de pior poderia acontecer se todas as suas criações dessem errado? Iriam acabar com sua vida? Matar seus pais ou seus filhos? Acabar com a Mata Atlântica? Provavelmente não. Durante o processo criativo o único risco é o de ouvir um NÃO. O "não" não é uma sentença de morte. Na verdade, o "não" pode nos guiar em direção a um caminho melhor, pode nos forçar a reavaliar nossos projetos ou até mesmo a reavaliar nossa vida.

Em um mundo cada dia mais globalizado e dinâmico, precisamos desesperadamente de mais pessoas criativas, seja nos negócios, nos relacionamentos profissionais ou até mesmo nas relações familiares. A habilidade em inovar fará toda a diferença entre o sucesso e o fracasso. Matthew Hotlzberg, criador em

1984 de um motor feito de um plástico especial chamado Torlon e 100 quilos mais leve que os motores tradicionais, uma vez disse: "Se um dia perdermos nossa imaginação, então perderemos nossa habilidade em progredir e evoluir. Basicamente, cada nova ideia é um novo sonho, um novo pensamento".

Steve Jobs

Quem não conhece Steve Jobs? Steven Paul Jobs, mais conhecido como Steve Jobs é um empresário norte-americano, fundador das empresas Apple, Next e do estúdio de animações Pixar (responsável, dentre outros, pela criação do filme "Toy Story"). Steve Jobs é considerado uma das pessoas mais criativas da atualidade, sendo responsável pela criação do computador pessoal e, mais atualmente, pela invenção do iPod e seu sucessor, o iPhone.

Recentemente, ele foi convidado para realizar um discurso para os formandos da Universidade de Stanford, nos EUA. O discurso está transcrito na íntegra logo abaixo. Apesar de esse discurso ser facilmente encontrado na Internet (YouTube), era importante transcrevê-lo aqui. Você perceberá que, inconscientemente, ele seguia todos os passos para uma mente criativa, descritos anteriormente. Além disso, passou por incríveis reveses em sua vida pessoal e profissional, mas utilizou-os como uma forma de continuar avançando. Com a palavra, Steve Jobs:

Estou honrado de estar aqui, na formatura de uma das melhores universidades do mundo. Eu nunca me formei na universidade. Que a verdade seja dita, isso é o mais perto que eu já cheguei de uma cerimônia de formatura. Hoje, eu gostaria de contar a vocês três histórias da minha vida. E é isso. Nada demais. Apenas três histórias.

A primeira história é sobre ligar os pontos

Eu abandonei o Reed College depois de seis meses, mas fiquei enrolando por mais dezoito meses antes de realmente abandonar a escola. E por que eu a abandonei? Tudo começou antes de eu nascer. Minha mãe biológica era uma jovem universitária solteira que decidiu me dar para a adoção. Ela queria muito que eu fosse adotado por pessoas com curso superior. Tudo estava armado para que eu fosse adotado no nascimento por um advogado e sua esposa. Mas, quando eu apareci, eles decidiram que queriam mesmo uma menina. Então meus pais, que estavam em uma lista de espera, receberam uma ligação no meio da noite com uma pergunta: Apareceu um garoto. Vocês o querem? Eles disseram: É claro. Minha mãe biológica descobriu mais tarde que a minha mãe nunca tinha se formado na faculdade e que o meu pai nunca tinha completado o Ensino Médio. Ela se recusou a assinar os papéis da adoção. Ela só aceitou meses mais tarde, quando os meus pais prometeram que algum dia eu iria para a faculdade.

E, 17 anos mais tarde, eu fui para a faculdade. Mas, inocentemente escolhi uma faculdade que era quase tão cara quanto Stanford. E todas as economias dos meus pais, que eram da classe trabalhadora, estavam sendo usadas para pagar as mensalidades. Depois de seis meses, eu não podia ver valor naquilo. Eu não tinha ideia do que queria fazer na minha vida e menos ideia ainda de como a universidade poderia me ajudar naquela escolha. E lá estava eu gastando todo o dinheiro que meus pais tinham juntado durante toda a vida. E então, decidi largar e acreditar que tudo ficaria OK. Foi muito assustador naquela época, mas olhando para trás foi uma das melhores decisões que já tomei. No minuto em que larguei, eu pude parar de assistir às matérias obrigatórias que não me interessavam e comecei a frequentar aquelas que pareciam interessantes.

Não foi tudo assim romântico. Eu não tinha um quarto no dormitório e por isso eu dormia no chão do quarto de amigos. Eu recolhia garrafas de Coca-Cola para ganhar 5 centavos, com os quais eu comprava comida. Eu andava 11 quilômetros pela cidade todo domingo à noite para ter uma boa refeição no templo hare-krishna. Eu amava aquilo. Muito do que descobri naquela época, guiado pela minha curiosidade e intuição, mostrou-se, mais tarde, ser de uma importância sem preço.

Vou dar um exemplo: o Reed College oferecia naquela época a melhor formação de caligrafia do país. Em todo o campus, cada cartaz e cada etiqueta de gaveta eram escritas com uma bela letra de mão. Como eu tinha largado o curso e não precisava frequentar as aulas normais, decidi assistir as aulas de caligrafia. Aprendi sobre fontes com serifa e sem serifa, sobre variar a quantidade de espaço entre diferentes combinações de letras e sobre o que torna uma tipografia boa. Aquilo era bonito, histórico e artisticamente sutil de uma maneira que a ciência não pode entender. E eu achei aquilo tudo fascinante.

Nada daquilo tinha qualquer aplicação prática para a minha vida. Mas 10 anos mais tarde, quando estávamos criando o primeiro computador Macintosh, tudo voltou. E nós colocamos tudo aquilo no Mac. Foi o primeiro computador com tipografia bonita. Se eu nunca tivesse deixado aquele curso na faculdade, o Mac nunca teria tido as fontes múltiplas ou proporcionalmente espaçadas. E, conside-

rando que o Windows simplesmente copiou o Mac, é bem provável que nenhum computador as tivesse. Se eu nunca tivesse largado o curso, nunca teria frequentado essas aulas de caligrafia e os computadores poderiam não ter a maravilhosa caligrafia que eles têm. É claro que era impossível conectar esses fatos olhando para frente quando eu estava na faculdade. Mas aquilo ficou muito, muito claro olhando para trás 10 anos depois.

De novo, você não consegue conectar os fatos olhando para frente. Você só os conecta quando olha para trás. Então tem de acreditar que, de alguma forma, eles vão se conectar no futuro. Você tem de acreditar em alguma coisa – sua garra, destino, vida, karma ou o que quer que seja. Essa maneira de encarar a vida nunca me decepcionou e tem feito toda a diferença para mim.

Minha segunda história é sobre amor e perda

Eu tive sorte porque descobri bem cedo o que queria fazer na minha vida. Woz e eu começamos a Apple na garagem dos meus pais quando eu tinha 20 anos. Trabalhamos duro e, em 10 anos, a Apple se transformou em uma empresa de 2 bilhões de dólares e mais de 4 mil empregados. Um ano antes, tínhamos acabado de lançar nossa maior criação – o Macintosh – e eu tinha 30 anos. E aí fui demitido. Como é possível ser demitido da empresa que você criou? Bem, quando a Apple cresceu, contratamos alguém para dirigir a companhia. No primeiro ano, tudo deu certo, mas com o tempo nossas visões de futuro começaram a divergir. Quando isso aconteceu, o conselho de diretores ficou do lado dele. O que tinha sido o foco de toda a minha vida adulta tinha ido embora e isso foi devastador. Fiquei sem saber o que fazer por alguns meses. Senti que tinha decepcionado a geração anterior de empreendedores. Que tinha deixado cair o bastão no momento em que ele estava sendo passado para mim. Então, encontrei David Peckard e Bob Noyce e tentei me desculpar por ter estragado tudo daquela maneira.

Foi um fracasso público e eu até mesmo pensei em deixar o Vale [do Silício]. Mas, lentamente, eu comecei a me dar conta de que eu ainda amava o que fazia. Foi quando decidi começar de novo. Não enxerguei isso na época, mas ser demitido da Apple foi a melhor coisa que podia ter acontecido para mim. O peso de ser bem sucedido foi substituído pela leveza de ser de novo um iniciante, com menos certezas sobre tudo. Isso me deu liberdade para começar um dos períodos mais criativos da minha vida. Durante os cinco anos seguintes, criei uma companhia chamada Next, outra companhia chamada Pixar e me apaixonei por uma mulher maravilhosa que se tornou minha esposa. A Pixar fez o primeiro filme animado por computador, "Toy Story", e é o estúdio de animação mais bem-sucedido do mundo. Em uma inacreditável guinada de eventos, a Apple comprou a Next, eu voltei para a empresa e a tecnologia que desenvolvemos nela está no coração do atual renascimento da Apple. E Lorene e eu temos uma família maravilhosa.

Tenho certeza de que nada disso teria acontecido se eu não tivesse sido demitido da Apple. Foi um remédio horrível, mas eu entendo que o paciente precisava. Às vezes, a vida bate com um tijolo na sua cabeça. Não perca a fé. Estou convencido de que a única coisa que me permitiu seguir adiante foi o meu amor pelo que fazia. Você tem que descobrir o que você ama. Isso é verdadeiro tanto para o seu trabalho quanto para com as pessoas que você ama. Seu trabalho vai preencher uma parte grande da sua vida, e a única maneira de ficar realmente satisfeito é fazer o que você acredita ser um ótimo trabalho. E a única maneira de fazer um excelente trabalho é amar o que você faz. Se ainda não encontrou o que é, continue procurando. Não sossegue. Assim como todos os assuntos do coração, você saberá quando encontrar. E, como em qualquer grande relacionamento, só fica melhor e melhor à medida que os anos passam. Então, continue procurando até você achar. Não sossegue.

Minha terceira história é sobre morte

Quando eu tinha 17 anos, li uma frase que era algo assim: "Se você viver cada dia como se fosse o último, um dia ele realmente será o último". Aquilo me impressionou, e desde então, nos últimos 33 anos, eu olho para mim mesmo no espelho toda manhã e pergunto: "Se hoje fosse o meu último dia, eu gostaria de fazer o que farei hoje?" E se a resposta é "não", por muitos dias seguidos, sei que preciso mudar alguma coisa.

Lembrar que estarei morto em breve é a ferramenta mais importante que já encontrei para me ajudar a tomar grandes decisões. Porque quase tudo – expectativas externas, orgulho, medo de passar vergonha ou falhar – caem diante da morte, deixando apenas o que é importante. Não há razão para não seguir o seu coração. Lembrar que você vai morrer é a melhor maneira, que eu conheço, para evitar a armadilha de pensar que você tem algo a perder. Você já está nu. Não há razão para não seguir seu coração.

Há um ano, eu fui diagnosticado com câncer. Eram 7h30min da manhã e eu tinha uma imagem que mostrava claramente um tumor no pâncreas. Eu nem sabia o que era um pâncreas. Os médicos me disseram que aquilo era certamente um tipo de câncer incurável, e que eu não deveria esperar viver mais de 3 a 6 semanas. Meu médico aconselhou-me a ir para casa e arrumar minhas coisas – que é o código dos médicos para "prepare-se para morrer". Significa tentar dizer às suas crianças, em alguns meses, tudo aquilo que você pensou ter os próximos 10 anos para dizer. Significa dizer seu adeus. Eu vivi com aquele diagnóstico o dia inteiro. Depois, à tarde, eu fiz uma biópsia, em que eles enfiaram um endoscópio pela minha garganta abaixo, pelo meu meu estômago e pelos intestinos. Colocaram uma agulha no meu pâncreas e tiraram algumas células do tumor. Eu estava sedado, mas minha mulher, que estava lá, contou que quando os médicos viram as células em um microscópio, começaram a chorar. Era uma forma muito rara de câncer pancreático que podia ser curada com cirurgia. Eu operei e estou bem. Isso foi o mais perto que eu estive de encarar a morte e eu espero que seja o mais perto que vou ficar pelas próximas décadas.

Tendo passado por isso, posso agora dizer a vocês, com um pouco mais de certeza do que quando a morte era um conceito apenas abstrato: ninguém quer morrer. Até mesmo as pessoas que querem ir para o céu não querem morrer para chegar lá. Ainda assim, a morte é o destino que todos nós compartilhamos. Ninguém nunca conseguiu escapar. E assim é como deve ser, porque a morte é muito provavelmente a principal invenção da vida. É o agente de mudança da vida. Ela limpa o velho para abrir caminho para o novo. Nesse momento, o novo é você. Mas algum dia, não muito distante, você gradualmente se tornará um velho e será varrido. Desculpe ser tão dramático, mas isso é a verdade.

O seu tempo é limitado, então não o gaste vivendo a vida de um outro alguém. Não fique preso pelos dogmas, seria viver com os resultados da vida de outras pessoas. Não deixe que o barulho da opinião dos outros cale a sua própria voz interior. E o mais importante: tenha coragem de seguir o seu próprio coração e a sua intuição. Eles de alguma maneira já sabem o que você realmente quer se tornar. Todo o resto é secundário. Quando eu era pequeno, uma das bíblias da minha geração era o Whole Earth Catalog. Foi criado por um sujeito chamado Stewart Brand em Menlo Park, não muito longe daqui. Ele o trouxe à vida com seu toque poético. Isso foi no final dos anos 60, antes dos computadores e dos programas de paginação. Então tudo era feito com máquinas de escrever, tesouras e câmeras Polaroid. Era como o Google em forma de livro, 35 anos antes de o Google aparecer. Era idealista e cheio de boas ferramentas e noções. Stewart e sua equipe publicaram várias edições de The Whole Earth Catalog e, quando ele já tinha cumprido sua missão, eles lançaram uma edição final. Isso foi em meados de 70 e eu tinha a idade de vocês. Na contracapa havia uma fotografia de uma estrada de interior ensolarada, daquele tipo onde você poderia se achar pedindo carona se fosse aventureiro. Abaixo, estavam as palavras: "Continue com fome, continue bobo". Foi a mensagem de despedida deles. Continue com fome. Continue bobo. E eu sempre desejei isso para mim mesmo. E agora, quando vocês se formam e começam de novo, eu desejo isso para vocês. Continuem com fome. Continuem bobos.

Obrigado.

Steve Jobs

BRAINSTORMING

"A desobediência é uma virtude necessária à criatividade."
Raul Seixas

Fraldas para camundongos

"Fraldas para camundongos?"
"... fraldas para camundongos bem pequeninas"
"... cada caixa virá com doze unidades"
"... fraldas descartáveis e previamente dobradas"
"... dotadas de repelente felino."
"Certamente é uma excelente ideia! Ficaremos ricos!!!"

Provavelmente, você deve estar se perguntando: "Quem são os loucos por trás desse diálogo?", "Por que conversam sobre fraldas para camundongos?" A resposta é simples: essas pessoas não estão loucas e tampouco se trata de algum jogo de tabuleiro. Esse é um trecho de um diálogo travado em uma sessão de *brainstorming* na empresa Hewlett-Packard (HP). Obviamente, a HP não pretende lançar fraldas para camundongos. No entanto, esse exercício de *brainstorming* é responsável por manter o grupo animado e criativo, podendo gerar mais e mais inovações para a empresa. Nos capítulos anteriores, aprendemos o que é criatividade e os princípios por trás dela. Conhecendo todos eles, você está apto a aplicar a ferramenta mais poderosa para o desenvolvimento da criatividade: o *brainstorming* (também conhecido por "tempestade de ideias").

Brainstorming

Brainstorming ou tempestade de ideias é uma técnica de geração de ideias, geralmente feita em grupo. O método foi popularizado nos anos 1930 pelo americano Alex Faickney Osborn e, desde então, tem sido vastamente utilizada em todo o mundo para a geração de ideias, principalmente no campo de relações humanas e publicidade e propaganda. Segundo Osborn, os grupos poderiam até duplicar seu potencial criativo ao utilizar essa técnica. Osborn era um pensador revolucionário. Ele acreditava que qualquer pessoa possuía um potencial criativo, que poderia ser trabalhado de maneira a transformar qualquer indivíduo em uma pessoa extremamente criativa.

Dentre diversos outros métodos, a técnica de *brainstorming* propõe que um grupo de pessoas (geralmente menos de 12 participantes) se reúnam e utilizem da diferença em seus pensamentos e ideias para que possam chegar a um denominador comum, eficaz e com qualidade, gerando assim ideias inovadoras que levem o projeto adiante. Observe que o *brainstorming* obedece a todos os princípios da criatividade abordados anteriormente, visto que valoriza o pensamento divergente (pessoas diferentes e ideias aparentemente incompatíveis) em busca de novas perspectivas e relações entre os conceitos a serem discutidos. Além disso, a técnica valoriza o olhar do leigo. Lembra-se de quando eu disse sobre os perigos de se saber demais e, consequentemente, estreitar o pensamento? Pois bem, grandes empresas costumam criar sessões de *brainstorming* que envolvam setores diferentes, com o objetivo de tornar o pensamento o mais divergente e não condicionado possível.

Outro princípio criativo respeitado é o de diferenciar o processo de criação do processo de avaliação. Durante o *brainstorming*, nenhuma ideia é descartada ou julgada como errada ou absurda. Todas são ouvidas e trazidas até o processo de *brainwrite*, que se constitui na compilação ou anotação de todas as ideias ocorridas no processo de *brainstorming*, em uma reunião com alguns participantes da sessão de *brainstorming*, e assim evoluindo as ideias até a chegada da solução efetiva. Essa técnica possui aplicação muito ampla, podendo ser utilizada com grande utilidade tanto na busca por soluções rápidas para problemas simples quanto para a geração de ideias para a solução de um problema "grave" (por exemplo, na criação de um organizador gráfico do tipo espinha de peixe). Alguns exemplos da aplicação da técnica:

- **Desenvolvimento de novos produtos**: obter ideias para novos produtos e efetuar melhoramentos naqueles existentes.
- **Publicidade**: desenvolver ideias para campanhas de publicidade.
- **Resolução de problemas**: consequências, soluções alternativas, análise de impacto, avaliação.
- **Gestão de processos**: encontrar formas de melhorar os processos comerciais e de produção.
- **Gestão de projetos**: identificar objetivos dos clientes, riscos, entregas, pacotes de trabalho, recursos, tarefas e responsabilidades.
- **Formação de equipes**: geração de partilha e discussão de ideias enquanto se estimula os participantes a raciocinar.

Regras

Existem basicamente quatro regras essenciais para o *brainstorming*. Pode parecer estranho um processo criativo ser regido por regras. No entanto, elas foram criadas para estimular o processo criativo, diminuir a inibição social dos participantes e estimular a geração de ideias.

1. Foque na quantidade: essa regra é uma forma de se aumentar a produção do pensamento divergente, promovendo a geração do máximo de soluções para o problema em pauta. É uma questão estatística: se existirem mais ideias, a probabilidade de elas serem boas é maior do que no caso de existirem poucas ideias. Assim, quanto maior o número de ideias geradas, maior a chance de se produzir uma solução original e eficaz.

2. Suspenda o criticismo: durante o *brainstorming*, o criticismo fica suspenso. Isso não é o mesmo que dizer que o processo de tempestade de ideia é negligente. Na verdade, o *brainstorming* – como qualquer outro processo criativo – separa muito bem as duas etapas do processo de geração de ideias: a criação e a avaliação. Durante o processo de criação, o criticismo é suspenso para que todos os participantes sintam-se à vontade para criar suas novas ideias.

3. Ideias inusitadas são bem-vindas: lembra-se da importância de se associar ideias ambíguas ou inusitadas durante o processo criativo? Essa regra tem o objetivo de encorajar os participantes a sugerir qualquer ideia que lhes venha à mente, sem preconceitos e sem medo que isso os vá avaliar imediatamente. Ainda que sejam ideias ambíguas e desconexas à primeira vista, posteriormente poderá ser encontrada uma relação entre todos esses conceitos. Desse modo, as ideias mais desejáveis são aquelas que inicialmente parecem ser sem domínio e muito longe do que poderá ser uma solução. Isso aumenta também o número de ideias geradas.

4. Combine e melhore as ideias: procure melhorar as ideias que surjam – ainda que não sejam criação sua. Às vezes, você é capaz de dar uma nova perspectiva para uma ideia anteriormente lançada pelo colega. No *brainstorming*, o conjunto das ideias geradas acaba por se tornar maior que a soma das ideias de cada participante. Assim, procure criar o máximo de associações entre as diversas ideias geradas.

Linhas de direção

Embora não haja linhas de direção aceitas universalmente para passos específicos a implementar numa sessão de *brainstorming*, as seguintes atividades principais são bastante típicas:

- Desenvolver um enunciado para o problema.
- Selecionar um grupo de 6 a 12 participantes.
- Enviar uma nota aos participantes falando-lhes acerca do problema. Deverá ser incluído o enunciado do mesmo, o contexto, bem como algumas soluções e outras coisas que se revelem úteis para o caso.

• Começar por escrever o problema num quadro visível a todos os elementos pertencentes ao grupo.
• Falar, novamente, sobre as 4 regras principais do *brainstorming*.
• Utilizar algum organizador gráfico para o desenvolvimento das ideias (para maiores informações sobre organizadores gráficos, não se esqueça de dar uma olhada em meu outro livro, "Técnicas profissionais de memorização").
• Requisitar novas ideias aos participantes pela ordem na qual estes levantem a sua mão. Apenas uma ideia deve ser sugerida em cada momento.
• Ter um gravador, ou uma secretária de maneira que se possa escrever e tomar nota das ideias.
• A sessão deve durar cerca de 30 minutos. Não deve durar quatro horas!
• Selecionar um grupo de três a cinco pessoas para avaliação.
• Fornecer ao grupo a lista de ideias que sugiram e pedir que selecionem as melhores.
• Fornecer ao grupo original um relatório com as ideias selecionadas pelo grupo de avaliação e requisitar a submissão de quaisquer ideias adicionais estimuladas pela lista.
• Dar a lista final de ideias à pessoa ou grupo de trabalho do projeto.

Selecionando os participantes

A maioria dos grupos de *brainstorming* são constituídos por três elementos:
• **O líder**: responsável pelo desenvolvimento da sessão criativa. Insta salientar que não existe hierarquia no que tange a elaboração de ideias criativas. Elege-se um líder simplesmente porque ele tem maior familiaridade com o processo de *brainstorming*. Ele é responsável pela criação do organizador gráfico para as ideias e da pergunta-problema. É função do líder não apenas manter-se relaxado, mas também promover o bem-estar de todos durante a sessão.
• **Um secretário**: responsável por inserir no organizador gráfico as novas ideias que forem surgindo durante a sessão de *brainstorming*. O secretário deve ter facilidade na escrita rápida. Este vai ter de tomar nota de uma numerosa lista de ideias que serão geradas. As ideias não têm, necessariamente, de ser escritas exatamente da mesma forma que são ditas. O nome da pessoa que sugere as ideias não deve ser anotado, já que o anonimato encoraja a liberdade de expressão.

• **Os membros**: responsáveis pela composição do resto do grupo a propor ideias. Obviamente, devem ser escolhidas pessoas que tenham alguma experiência com o problema em causa. Não existem regras rígidas no que tange a seleção do grupo. No entanto, costuma-se não eleger mais que 10 membros para participar da sessão (fora o líder e o secretário). Os participantes geralmente são de dois tipos: membros-chave e convidados. Membros-chave são aqueles que estão intensamente envolvidos com o setor e o problema em questão. Em contrapartida, os convidados são aqueles que pertencem a outros setores, mas têm afinidade com o problema. Apesar de ser comum misturar trabalhadores de setores diferentes em uma sessão de *brainstorming*, algumas empresas preferem não misturar hierarquias. Segundo elas, misturar hierarquias poderia inibir os membros de hierarquias inferiores a dar seus palpites ou opiniões. Assim, não há problema em misturar um diretor de marketing e um diretor administrativo em uma mesma sessão de *brainstorming*. No entanto, talvez não seja muito recomendado inserir na mesma sessão um designer gráfico ou um agente administrativo e algum chefe da empresa.

Método

Definindo o problema

Antes de iniciar alguma sessão de *brainstorming*, é importantíssimo que se defina o problema. Ele precisa ser claro, não muito grande e passível de ser enquadrado por alguma pergunta específica, por exemplo, "de que maneira poderíamos diminuir os custos de transporte em nossa empresa?" ou "qual serviço nosso site deveria possuir e não possui hoje?". Perguntas muito amplas devem ser evitadas, por exemplo, "como ganhar dinheiro?". Se o problema for muito longo ou complexo, é necessário que ele seja dividido em diversos problemas menores, cada qual com uma pergunta específica.

Criação de um memorando de preparação

O memorando de preparação é uma carta enviada aos participantes da sessão de *brainstorming*, contendo o nome da sessão, o problema, horário, data e o local da sessão da "tempestade de ideias". O problema é descrito na forma de pergunta e são fornecidas algumas possíveis soluções para o mesmo. Essas possíveis soluções têm o objetivo não apenas de incrementar o rol de possíveis respostas, mas também eliciar nos participantes diversas ideias diferentes. Esse memorando é enviado aos participantes com muita antecedência, para que todos possam ter tempo suficiente para refletir sobre o problema e participar de maneira eficiente na sessão de *brainstorming*.

Questões para manter a criatividade em alta

Durante a sessão da tempestade de ideias, a criatividade dos membros pode diminuir drasticamente. Nesse momento, o líder deve estimular a criatividade de todos sugerindo uma questão para mantê-la acesa e o interesse, por exemplo, "Podemos combinar essas duas ideias?", "Que tal olharmos o problema por uma outra perspectiva?". O ideal é que o líder prepare previamente uma lista desse tipo de questões antes do início da sessão.

Condução da sessão

O líder é o responsável em conduzir a sessão e garantir que todas as regras básicas sejam seguidas.

1. O líder apresenta a situação-problema, dando maiores detalhes se necessário. Em seguida, ele questiona sobre as possíveis ideias para a solução desse problema.

2. Se inicialmente os membros não se sentirem à vontade em expor suas ideias, é papel do líder introduzir as primeiras ideias e as possíveis questões mantenedoras da criatividade.

3. Todos os participantes (incluindo o líder) vão expondo suas ideias e o secretário vai anotando todas elas, uma por uma.

4. Para favorecer a clareza na exposição de suas ideias, todos têm a liberdade em detalhar suas propostas o máximo o possível.

5. Ao final do tempo de elaboração de novas ideias, o líder desenha um organizador gráfico contendo todas as ideias expostas e questiona sobre as possíveis relações ou padrões existentes entre cada uma (ainda que sejam, à primeira vista, antagônicas).

6. As ideias são categorizadas.

7. Ideias duplicadas e de implementação impossível são excluídas pelo líder.

Observe que essa exclusão somente ocorre após a geração de todas as ideias e quando todas as possíveis relações entre elas foram previamente definidas.

8. O líder agradece a todos por suas contribuições.

Avaliação do grupo

Conforme dito anteriormente, a sessão de geração de ideias é completamente diferente da sessão de julgamento ou avaliação das ideias geradas. Um grupo de *brainstorming* costuma ter um número flexível de participantes. Em contrapartida, o grupo de avaliação precisa necessariamente de ser composto por um número ímpar de pessoas. O motivo é óbvio: um grupo ímpar impossibilita completamente o surgimento de dúvida acerca da pertinência de alguma das ideias geradas. Assim, o número ímpar garante que algum membro possua o voto de Minerva, responsável pelo desempate durante a votação sobre a pertinência de alguma ideia.

Esta situação também ajuda quando é procurado um consenso ao invés da votação. Sobre a composição, ele poderá consistir em pessoas que faziam parte do grupo de geração de ideias, ou na combinação de pessoas deste grupo com pessoas externas, ou de um grupo completamente novo de indivíduos.

Qual seria a melhor opção? Utilizar no processo avaliativo apenas pessoas que participaram do *brainstorming* ou apenas pessoas que não participaram do processo de geração de ideias, mas possuem afinidade com o problema em questão?

Utilizar as mesmas pessoas poderá ter a vantagem de assegurar a familiaridade com o problema, enquanto o uso de um grupo de pessoas externas ao original pode ter o benefício da maior objetividade.

A tarefa do grupo de avaliação é a de julgar todas as ideias e selecionar as melhores para uma possível implementação ou estudo adicional. Depois do líder do grupo receber a lista de ideias do secretário, elas precisam ser editadas e, em seguida, deve-se certificar e verificar que elas estão descritas claramente e estão concisas. As ideias devem ser organizadas segundo categorias lógicas (usualmente, estas categorias vão de cinco a dez) e apresentadas ao grupo de avaliação para revisão. É possível tornar este processo mais fácil e prático utilizando uma checklist organizada segundo determinados critérios como a simplicidade das ideias, menos custosas em termos de tempo e capital, e outros termos similares. O grupo de avaliação deve verificar as melhores ideias de forma a sujeitá-las a testes práticos.

Após a sessão

A parte mais importante de um processo de *brainstorming* é observar o que acontece ao final das etapas de criação e avaliação das ideias. Ainda que o líder não tenha conduzido a sessão com maestria, algumas boas ideias surgirão. No entanto, dependendo do que acontece após a sessão criativa, todas essas boas ideias poderão ser aproveitadas ou não por sua empresa. Desse modo, ainda que livros que exercitem a memória ou a criatividade possam melhorar sua habilidade em gerar novas ideias e conduzir sessões criativas, nada disso valerá a pena se essas ideias não forem implementadas. Suponha que você obteve diversas ideias durante o processo de criação. Em seguida, após a avaliação, restaram uma dezena das brilhantes. Se essas ideias não migrarem para a etapa da implementação, de que terá valido tudo isso?

ALGUNS TRUQUES PARA SESSÕES DE *BRAINSTORMING*

Toda pessoa criativa que conheço possui diversos truques e ferramentas responsáveis por manterem acesa a chama da criatividade. A seguir, leia algumas de minhas estratégias favoritas. Ainda que qualquer membro possa utilizá-las, o ideal é que sejam usadas pelo líder em momentos de baixa criatividade, desânimo ou travamento de novas ideias.

O que nós não queremos?

Muitas vezes, é difícil estabelecer qual o objetivo específico de um grupo de *brainstorming*. Nesses casos, às vezes é mais fácil focar aquilo que não interessa. Por exemplo, "Qual o pior tipo de website possível? Quais suas características?" Além de estimular a mudança de perspectiva dos problemas, esse tipo de estratégia também costuma despertar o bom humor de todos os membros e manter o ambiente relaxado e tranquilo. Após anotar todas as características do pior tipo de website possível, o líder costuma dizer algo do tipo: "Bem, já temos o pior website possível. Como podemos fazer um website que seja completamente oposto a esse?" Você se surpreenderá com a força que essa técnica possui.

Temas aleatórios (funciona apenas como exercício)

O líder da sessão cria previamente cartões contendo uma palavra cada um. Essas palavras podem ser de diversos tipos: nomes (de animais, plantas, pessoas conhecidas...), objetos (luvas, mochila, churrasqueira...), cores e adjetivos (rápidos, econômicos, divertidos...). Haverá quatro montes de cartões, cada qual com seus cartões específicos (ou seja, no monte de nomes não poderá existir adjetivos). Em seguida, o líder pega um cartão de cada monte e gera aleatoriamente uma nova questão a ser trabalhada. Por exemplo, imagine que os cartões que foram retirados são: alce (nomes), copo (objeto), azul (cores) e madeira (adjetivo). Assim, o líder lançaria o seguinte desafio: como criar um novo copo de madeira, da cor azul, a ser utilizado por alces? Quais seriam as propriedades desse produto? Quais as suas propriedades específicas para os alces?

Rotação

A qualquer momento, qualquer um dos membros da sessão poderá dizer "rotação"! Em seguida, todos os membros deverão se deslocar e sentar na cadeira à sua esquerda. Ainda que não existam provas bem fundamentadas acerca dessa estratégia, alguns autores sugerem que a simples mudança de cadeira favorece a mudança de perspectiva acerca do problema em questão. Além disso, esse pequeno deslocamento favorece a um aumento da circulação sanguínea, levando mais oxigênio ao cérebro. O líder costuma dizer "rotação" principalmente nos momentos em que os membros estão estagnados com as novas ideias ou existe algum clima de inibição que evita que todos os membros participem da sessão.

Remoção de obstáculos

Elimine qualquer possibilidade de julgamento. Deste modo, se os membros não estiverem expressando suas ideias ou opiniões, é dever do líder enfatizar que qualquer julgamento acerca das novas ideias está suspenso. Assim, todos devem se sentir à vontade para relatar suas propostas, sem se preocupar com qualquer limitação da implementação como custos, tempo ou razoabilidade. Essa estratégia permite criar um clima de cooperação mútua que permite que todos, sem distinção, digam aquilo que julgam importante.

Inserção de obstáculos

Essa estratégia é muito utilizada como aquecimento para a sessão de *brainstorming*. Para colocar a cabeça de seus colegas para funcionar, sugira algum limite estúpido para sua ideia. O objetivo não é tornar a sessão mais complicada, mas sim forçar os membros da sessão a colocarem suas cabeças para funcionar. Sugira, por exemplo, que todos que adquirirão o produto sejam portadores de alguma deficiência ou que se precisa conquistar clientes no Iraque. Faça que o problema se torne o mais difícil possível. Por exemplo, limite o orçamento para o projeto em R$ 50,00 ou invente a necessidade de se escrever uma novela para Globo em apenas dois dias. Não permita que as pessoas se esquivem do problema: o dever do líder é manter todos os membros trabalhando em conjunto. Desafiados pela insanidade do problema e protegidos pelo sentimento de que o limite imposto é ridículo, não existirão respostas certas ou erradas. Após a inserção de obstáculos, você terá certeza que todos os membros da sessão já se encontram com a criatividade previamente aquecida, podendo retornar ao tema original da sessão de *brainstorming*.

Checklist de Osborn

O checklist de Osborn foi criado por Alex Osborn, o criador do *brainstorming*. Esse checklist tem o objetivo de buscar maneiras de se melhorar um produto ou serviço. Para criá-lo, Osborn escolheu nove verbos a serem aplicados ao produto ou serviço. Em seguida, adicionou perguntas relacionadas a cada um desses verbos. Encontre o resultado logo a seguir:

Verbos	Questões
Usar	Existem maneiras diferentes para utilizar o produto ou serviço? Algum concorrente o usa de maneira diferente?
Adaptar	Qual outro produto ou serviço é similar a esse? Que outras ideias esse produto ou serviço sugerem? Existe algo parecido lançado no passado? O que poderia copiar de meus concorrentes?

Verbos	Questões
Modificar	É possível modificá-lo? O que será modificado, o significado, movimento, som, cheiro, forma, cor? O que mais poderá ser modificado?
Aumentar	O que deve ser acrescentado? Mais tempo? Maior frequência? Mais resistência? Maior altura? Mais fino? Mais longo? Mais caro? Algum ingrediente extra? Duplicar? Multiplicar? Exagerar?
Diminuir	O que deve ser diminuído? Tamanho? Deve ser condensado? Miniaturizado? Mais baixo? Mais curto? Mais leve? O que deve ser omitido? Deve ser particionado? Deve-se diminuir o preço?
Substituir	Quem poderá substituí-lo? O que poderá substituí-lo? Outro ingrediente ou componente? Outro lugar? Outra abordagem? Outro tom de voz? Outra fonte de energia? Outro processo? Outro material?
Rearranjar	Rearranjar componentes? Criar outro padrão? Outro design? Outra sequência? Trocar a causa e efeito? Alterar o ritmo? Alterar a programação ou agenda?
Inverter	Transpor os positivos e os negativos? Que tal os opostos? Virar para trás? Virar de cabeça para baixo? Inverter os papéis? Trocar sapatos? Trocar mesas? Trocar fornecedores?
Combinar	Criar uma liga, uma mistura ou sortimento? Combinar unidades? Combinar propósitos? Combinar aparências? Combinar ideias?

Tabela 9.1.

Esse checklist pode servir como uma excelente ferramenta tanto para o aquecimento da criatividade de todos os membros quanto para momentos em que a sessão de *brainstorming* não esteja rendendo boas ideias. Mais uma vez, não existem regras rígidas. Desse modo, sinta-se à vontade para alterar esse checklist da maneira que julgar mais interessante. Se preferir, crie o seu próprio, de acordo com as necessidades da empresa.

Brainstorming Individual

A técnica de tempestade de ideias surgiu essencialmente como uma técnica feita em grupos. No entanto, é comum encontrarmos pessoas que se familiarizaram tanto com o processo que o utilizam até mesmo sozinhos. A grande vantagem de se fazer um *brainstorming* sozinho é a possibilidade de aumento da frequência da criação das novas ideias. Como o *brainstorming* solitário envolve apenas a própria pessoa, é mais fácil encontrar alguma disponibilidade para gerar as novas ideias ou para avaliar as ideias geradas anteriormente.

Condições em que pode ser necessária a realização de um *brainstorming* individual

- Trabalha-se sem cooperação, sozinho.
- Trabalha-se sem cooperação, e emprego por conta própria.
- Não há disponibilidade para uma sessão em grupo.
- As pessoas que o rodeiam não gostam de sessões de *brainstorming*.
- As pessoas que o rodeiam não seguem as regras do *brainstorming*.
- É demasiado dispendiosa e cara, para si, a realização de uma sessão.
- O problema é demasiado pequeno para justificar a reunião de um grande conjunto de pessoas.

Quando se utiliza o *brainstorming* individual, pode ser de grande ajuda o uso de mapas mentais ou mapas conceituais para organizar e desenvolver as ideias.

Exercício

Tente, individualmente ou em grupo, criar uma sessão de *brainstorming* baseada nas seguintes situações-problema:

- Como conseguir juntar dinheiro para, no futuro, obter condições de pagar uma faculdade particular para seu filho?
- Como se divertir mais na vida?
- Como conseguir um novo emprego?
- Como ser promovido em seu emprego atual?

- O que existiria na casa de seus sonhos?
- O que existiria no carro de seus sonhos?
- Como desenvolver um relacionamento amoroso ideal?
- Como você descobriria o e-mail do CEO de uma empresa?
- Quais as maneiras criativas para se abrir uma lata?
- Quais as maneiras criativas de se atravessar um rio sem usar a ponte?
- Como perder peso?
- Como parar de fumar?
- O que você poderia construir em seu quintal?
- Quais conselhos você daria para Amy Winehouse?
- O que você poderia fazer com toda a tralha guardada em sua garagem ou quintal?
- Como abrir uma garrafa de refrigerante sem usar abridor?
- O que fazer dentro de um carro parado?
- Como aprender russo em apenas 3 dias?

Tente responder a esses desafios e divirta-se. Você se espantará com a quantidade de ideias que surgem em apenas alguns minutos de *brainstorming*.

DINÂMICAS INDIVIDUAIS

"Viver não é necessário. Necessário é criar."
Fernando Pessoa

Algumas de minhas dinâmicas favoritas

Existem centenas e centenas de dinâmicas para estimular a criatividade. No entanto, é difícil estipular qual técnica ou dinâmica de criatividade é a melhor – essa certeza esbarraria em diversas outras variáveis como diferenças individuais, a existência de certas aptidões específicas ou até mesmo o estado de humor do individuo no momento de execução da dinâmica criativa. Ou seja: aquilo que funciona muito bem para mim pode não funcionar tão bem assim para você e vice-versa.

Desse modo, decidi listar minhas técnicas favoritas – seja para o trabalho individual ou em grupo. Estude cada uma delas com carinho e, em seguida, defina aquela que melhor se encaixa a você ou a seu grupo de trabalho. As dinâmicas não estão listadas em uma ordem particular. Desse modo, a sequência em que elas estão apresentadas é completamente aleatória.

Como o nome diz, são atividades a serem executadas individualmente. No entanto, nada impede que sejam praticadas em grupos.

Seis mitos sobre criatividade

Conforme dito nos capítulos iniciais, a criatividade é geralmente concebida como um dom, que só pode ser utilizado por alguns poucos indivíduos agraciados de maneira inata por essa habilidade. Desse modo, antes de descrevermos as diversas dinâmicas de criatividade, é preciso que eliminemos alguns mitos acerca desse constructo. Essa listagem de mitos foi obtida a partir de um trabalho feito pela professora Teresa Amabile, de Harvard.

1. Criatividade é fruto de indivíduos criativos. Conforme dito anteriormente, diversas pesquisas mostram que qualquer pessoa com inteligência normal é capaz de feitos criativos.

2. Dinheiro é um motivador para a criatividade. Diversas pesquisas experimentais feitas no campo da criatividade sugerem que "dinheiro não é tudo" – ao menos no que tange a criatividade. Conforme dito anteriormente, indivíduos criativos geralmente se envolvem com seus projetos de maneira intrínseca, motivados pela atividade propriamente dita, não dependendo de recompensas ou algo que o valha.

3. Falta de tempo é combustível para a criatividade. As pessoas costumam ser menos criativas quando estão "lutando contra o tempo" ou quando insistem em fazer diversas atividades simultaneamente. Esse tipo de pressão geralmente não funciona porque ela coíbe que os indivíduos mergulhem fundo no problema. Além disso, a criatividade requer um período de incubação das ideias: as pessoas precisam realizar uma imersão em todo o conhecimento relativo ao problema e, sem pressão, deixar que as ideias simplesmente surjam.

4. Medo e tristeza incentivam a criatividade. Atualmente, o senso comum possui a ideia de que tristeza e medo são estímulos para a criatividade. Realmente, alguns artigos de psicologia sugerem que índices de depressão sejam maiores em escritores e artistas criativos – os "gênios" depressivos e românticos. Em contrapartida, quando as pessoas estão felizes e motivadas com seu projeto, existe uma chance maior de que elas permaneçam pensando em seu problema o dia inteiro, ainda que de maneira inconsciente. Isso favoreceria a incubação das novas ideias, que poderão surgir nos momentos menos esperados. Se hoje você está feliz e envolvido com seu projeto, provavelmente amanhã você terá um dia extremamente criativo.

5. Competição vence a colaboração. Em dias competitivos como os de hoje, não é de se admirar que esse mito prevaleça. No entanto, as equipes mais criativas geralmente têm suas relações interpessoais alicerçadas em confiança, o que permite que os grupos compartilhem informações e debatam ideias. Em contrapartida, quando as pessoas competem por algum tipo de reconhecimento, elas param de compartilhar informações. Isso é altamente destrutivo para o processo criativo, porque ninguém da empresa terá todas as peças necessárias para montar o quebra-cabeça do problema em voga.

6. Empresas com grande rotatividade de funcionários são mais criativas. Em seus estudos, a professora Teresa Amabile analisou 6.000 funcionários de uma subdivisão de uma multinacional de eletrônicos que estava no processo de demissão de 25% de seus funcionários. A possibilidade de serem demitidos foi o suficiente para que os funcionários largassem por completo o processo criativo. O sofrimento por antecipação foi ainda mais determinante para isso do que as demissões propriamente ditas: o medo do futuro profissional na empresa levou os funcionários a se alienarem de seu trabalho, tornando-se pouquíssimo criativos. Durante esse processo, a comunicação e a colaboração entre os funcionários também diminuíram drasticamente. Assim, quando inseridos em um ambiente desse tipo, cabe aos líderes estabilizar as condições de trabalho e as relações interpessoais, para que as ideias voltem a surgir.

Técnicas para o desenvolvimento da criatividade em grupos ou individualmente

Agora que você já conhece os seis maiores mitos da criatividade em empresas e organizações, já está preparado para aprender algumas técnicas para desenvolver sua própria criatividade ou a de seu grupo:

Intuição semântica

Introdução

As técnicas para desenvolvimento de novos produtos geralmente envolvem um *brainstorming*. Após a criação das ideias, as melhores são selecionadas e, em seguida, desenvolvem-se produtos baseados nelas. Finalmente, cria-se um nome para cada um desses produtos. Criada nos anos 1970, no Instituto Betelle, a Técnica da Intuição Semântica vai na contramão do *brainstorming*: em vez de gerar as novas ideias e, posteriormente, o nome dos produtos, ela cria primeiro os nomes dos produtos e, em seguida, os produtos propriamente ditos.

Suponha que sua empresa deseja criar um novo tipo de forno elétrico. É possível que sua equipe pense: que tal criarmos um forninho revestido externamente por uma fibra de vidro transparente? Em seguida, o nome "VisãoClara" pode ser uma das opções que poderão surgir para nomear o produto recém criado.

Se sua equipe utilizar a técnica da Intuição Semântica, o mesmo produto poderia surgir. No entanto, o nome "VisãoClara" surgiria por justaposição dos adjetivos Visão e Clara, antes mesmo que se quisesse criar um forno transparente. Em seguida, após a criação do nome "VisãoClara", surgiria a ideia de um forno transparente. Ainda que essa técnica seja excelente para a criação de novos produtos, isso não significa que ela tenha aplicação restrita à somente essa atividade. Essa técnica pode ser utilizada para praticamente qualquer desafio que requeira a geração de novas ideias.

Objetivos

• Ajudar os participantes a gerar o máximo de ideias criativas possível.

• Ajudar os participantes a aprenderem a utilizar atividades de geração de ideias.

Participantes

Pode ser aplicada individualmente ou por pequenos grupos de quatro a sete pessoas.

Material necessário

• Para cada grupo: pincel atômico, um *flip chart* e diversas folhas de papel.
• Para cada participante: um formulário, canetas e um pequeno bloco de *post-it*.

Formulário

O formulário a ser entregue aos participantes é muito simples: ele inclui apenas o título para cada uma das listas a serem utilizadas. Por exemplo, suponha que uma fábrica de xícaras de café deseja criar um novo design para seus produtos. Nesse caso, o formulário de intuição poderá incluir duas listas de palavras: uma lista envolvendo palavras relacionadas a xícaras de café e outra lista envolvendo características das pessoas que utilizam o produto.

Xícaras de Café

____

____

____

____

Público

____

____

____

____

Imagine que uma das palavras que figurava na primeira lista (Xícaras de café) seja o adjetivo "leve" e que "sofisticação" seja uma característica surgida na segunda lista (público). Nesse caso, "LeveSofisticação" poderia ser uma das ideias geradas. Obviamente, ao final da dinâmica, os melhores nomes podem ser trabalhados, de forma a se encaixarem perfeitamente nas características do novo produto criado. Assim, a justaposição surge como um primeiro passo na direção do processo de criação.

Tempo: 30 minutos.

Procedimentos

1. Distribua os formulários e esclareça quaisquer dúvidas que possam surgir acerca de seu preenchimento.

2. Instrua os participantes a gerarem duas listas de cinco a sete palavras relacionadas ao problema em questão. Em seguida, escreva todas elas no *flip chart*.

3. Cada membro dos grupos escolherá uma palavra de cada uma dessas listas, fazendo a justaposição entre elas e, em seguida, criará o nome de um novo produto.

4. Cada grupo discutirá a relevância de cada nome gerado e as funções do novo produto a ser criado.

5. Após a discussão, cada grupo escreverá em um *post-it* as melhores ideias e as colocará no *flip chart* para que os dois grupos possam discuti-las.

Discussão

Essa é uma técnica muito útil por ao menos duas razões: (1) ela tem o potencial de criar muitas perspectivas diferentes e (2) pode combinar palavras que, apesar de estarem nas duas listas, podem não ter relação direta entre elas ou entre elas e o problema.

Após a atividade, é interessante que os envolvidos deem seu *feedback* pessoal acerca dos resultados obtidos com a técnica. A seguir, estão algumas questões que podem lhe ajudar a criar um formulário de *feedback* em relação à técnica:

- A atividade foi útil para a geração das ideias?
- Qual momento da execução da dinâmica foi mais útil?
- O que foi mais desafiante?
- Em que outros contextos podemos aplicar essa dinâmica?
- Em uma escala de 5 a 10, como você classificaria essa dinâmica?
- O que você aprendeu?
- Quais ideias foram geradas e quais as mais interessantes?

E se?

Introdução

E se as vacas pudessem voar?
E se nascêssemos com telefones em nossas orelhas?
E se fôssemos minhocas?
E se diamantes fossem macios e almofadas fossem rígidas?
E se as plantas pudessem falar?
E se o Coringa fosse o verdadeiro herói em Gotham City?

Você conseguiu pegar a ideia? Ao ler cada uma dessas perguntas, diversas imagens foram evocadas por sua mente. A maioria delas contraria completamente o senso comum. Toda vez que nossa mente encontra alguma situação contraditória ou paradoxal, nós experimentamos uma mudança de perspectiva. Desse modo, ao questionarmos "e se...?", nossa mente é libertada de seus paradigmas e são criadas novas possibilidades e perspectivas a que provavelmente não teríamos acesso caso não utilizássemos essa técnica. Assim, a técnica "e se...?" possibilita que acabemos com todas as barreiras impostas pelas impossibilidades e limites.

Objetivos

- **Ajudar os participantes** a gerarem o máximo possível de ideias criativas.
- **Ajudar os participantes** a aprenderem a utilizar atividades de geração de ideias.

Participantes

Pode ser aplicada individualmente ou em pequenos grupos de quatro a sete pessoas.

Material necessário

- Para cada grupo: pincel atômico, *flip chart* e diversas folhas de papel.
- Para cada participante: um formulário, canetas e um pequeno bloco de *post-it*.

Formulário

O formulário a ser entregue aos participantes também é muito simples: ele inclui algumas proposições do tipo "e se...?", e algumas linhas em branco para que cada participante possa incorporar suas ideias. Por exemplo, suponha que uma concessionária deseja aumentar a fidelidade de seus clientes. O que poderia ser feito para que isso aconteça? Mais uma vez, lembre: não censure as ideias que virão surgindo. Por mais idiotas que elas possam parecer, a ausência da censura permite que o fluxo de ideias seja contínuo. Algumas sugestões possíveis para o formulário:

1. E se déssemos um segundo carro grátis para cada carro que fosse adquirido em nossa loja?

2. E se os clientes precisassem implorar para que lhes vendêssemos um segundo carro?

3. E se os clientes precisassem pagar o dobro do preço para adquirir um segundo veículo?

4. E se fosse possível hipnotizar os clientes para que eles comprem um segundo carro em nossa loja?

5. E se os carros novos seguissem as pessoas por toda a cidade, até que alguém os comprasse?

Estimule os participantes a preencherem os formulários com o máximo de possibilidades envolvendo o problema a ser solucionado. Após a geração do máximo de perguntas possível, surge o processo de geração de ideias engatilhadas.

As ideias engatilhadas surgem no momento da avaliação das questões elaboradas no momento anterior. Ainda que a maioria das questões seja impraticável ou até mesmo impossível, elas podem gerar diversas ideias factíveis. Lembra-se do exemplo anterior, envolvendo a fidelização dos clientes da concessionária? Veja abaixo algumas ideias factíveis que podem surgir das questões listadas anteriormente.

1. Não podemos dar aos clientes um segundo carro gratuito, mas podemos dar um desconto especial caso os mesmos desejem adquirir um segundo carro.

2. Não é possível que os clientes implorem para que possamos vendê-los carros. No entanto, podemos contatar os clientes com certa frequência para verificar se está tudo certo com o veículo ou alertar sobre a data de cada revisão mecânica. Esse tipo de atenção pode criar fidelização e aumentar, a médio prazo, as vendas.

3. Os clientes não comprariam um segundo carro se ele custasse o dobro. No entanto, podemos aumentar as vendas se cobrirmos qualquer oferta do mercado, dando inclusive um cheque nominal ao cliente, com o dobro do valor da diferença encontrada.

4. Não é possível hipnotizar os clientes. No entanto, podemos investir em uma grande campanha de marketing, utilizando o máximo da mídia disponível.

5. Novos carros não seguirão nossos clientes, mas poderíamos oferecer um celular com pacote de 400 minutos mensais a cada ex-cliente que retorne para adquirir um novo carro.

Tempo: 30 minutos.

Procedimentos

1. Leia a introdução acima para os participantes.

2. Distribua os formulários "e se...?" para eles.

3. Explique que cada formulário contém apenas alguns exemplos de frases do tipo "e se...?", e que eles terão de criar o máximo de frases desse tipo para compor o formulário. Você pode dizer algo do tipo: "Procurem criar o máximo de perspectivas para o nosso problema. Não se preocupem em avaliar o que funcionaria ou não. Simplesmente, deixe a mente de vocês divagar sobre cada possibilidade. Nomeie alguém de seu grupo para escrever todas as frases 'e se' que foram geradas em cada formulário".

4. Após a geração das frases "e se", você pode dizer: "Agora, é hora de retornar à realidade. Examinem cuidadosamente cada frase gerada e tentem responder à pergunta: 'Bem, nós não podemos fazer isso, mas talvez poderíamos...'." Criem o máximo de novas ideias e anotem nos *post-it*. Ao final do tempo, colem os *post-it* no *flip chart* para a discussão com todos os participantes.

Discussão

A técnica "e se" é uma das técnicas mais simples para a geração de ideias. Se os participantes realmente desligarem a censura de todas as ideias que podem surgir, os resultados serão fantásticos. Além disso, não se esqueça de avaliar o *feedback* dos participantes após a execução da atividade.

- A atividade foi útil para a geração das ideias?
- Qual momento da execução da dinâmica foi mais útil?
- O que foi mais desafiante?
- Em que outros contextos podemos aplicar essa dinâmica?
- Em uma escala de 5 a 10, como você classificaria essa dinâmica?

- O que você aprendeu?
- Quais ideias foram geradas e quais as mais interessantes?

Fora-da-lei

Introdução

Toda sociedade é regida por leis. Analogamente, problemas também são regidos por suas próprias leis e paradigmas. Infelizmente, a criatividade muitas vezes requer que essas leis e limites sejam quebrados. Quem não se lembra de Steve Jobs, criador do computador pessoal? Quando ele disse que criaria um computador pessoal, as grandes autoridades do assunto disseram: "Mas para que um leigo precisaria de um computador em sua casa?". Estava estabelecida uma lei acerca de computadores. No entanto, Steve Jobs e seu amigo Stephen Wozniak decidiram quebrar essa lei e alterar os rumos da informática para sempre.

Assim, a técnica "fora-da-lei" foi criada para ajudar os criadores a reverem seus paradigmas e criarem novas possibilidades.

Objetivos

- Ajudar os participantes a gerarem o máximo de ideias criativas o possível.
- Ajudar os participantes a aprenderem a utilizar atividades de geração de ideias.

Participantes

Pode ser aplicada individualmente ou por pequenos grupos de quatro a sete pessoas.

Material necessário

- Para cada grupo: pincel atômico, *flip chart* e diversas folhas de papel.
- Para cada participante: um formulário, canetas e um pequeno bloco de *post-it*.

Formulário

O formulário a ser entregue aos participantes também é muito simples:

ele contém diversas assertivas sobre o produto que deve ser aperfeiçoado. Logo abaixo dessas assertivas, existem linhas em branco para que o participante quebre essas leis. Por exemplo, imagine que você deseja criar um novo tipo de barra de chocolate. Nesse caso, o formulário poderia contar algumas das assertivas:

- Barra em formato retangular.
- Barra em cor marrom escura.
- Sabor uniforme.
- Pode ser recheado por amêndoas ou amendoins.
- Embrulhado em folha de papel alumínio.
- Derrete ao sol.
- Não contém brindes.
- Massa de 25g.

Agora, todas essas assertivas serão quebradas, gerando novas combinações e possibilidades. Veja algumas ideias possíveis:

- Barra em diversos formatos, como triangular ou circular.
- Barra com diversos tons de marrom, para aumentar seu apelo visual para jovens e crianças.
- Diversos sabores distribuídos ao longo do chocolate.
- Criação de novos recheios como morangos, doce de leite ou até mesmo azeitonas!
- Embrulhado em papel com forte apelo visual, com personagens de algum desenho favorito como "Dragon Ball" ou "Batman".
- Fórmula do chocolate mais resistente ao calor do Sol.
- Distribuição de diversos brindes como figurinhas ou brinquedos junto ao chocolate.
- Criação de novos tamanhos para o chocolate: 50g e 180g.
- Criação de nomes para cada barra de acordo com o tamanho. Por exemplo, a de 25g pode ser chamada de "barra inseto", a de 50g de "barra leão" e a de 180g de "barra T-REX".

Tempo: 30 minutos.

Procedimentos

1. Distribua os formulários para os participantes.
2. Explique que cada formulário contém apenas alguns exemplos de afir-

mações a respeito do produto a ser inovado. Instrua os participantes a gerarem o máximo de assertivas o possível.

3. Após a geração das diversas frases, diga para os participantes quebrarem todas as assertivas, gerando uma nova perspectiva para o problema. A maneira mais fácil de se quebrá-las é simplesmente questionar: "Mas por que isso deve ser dessa maneira?" Criem o máximo de novas ideias e anotem nos pedaços de *Post-it*. Ao final do tempo, colem os *post-it* no *flip chart* para a discussão com todos os participantes.

Discussão

A técnica "fora-da-lei" é muito poderosa, visto que, assim como as técnicas apresentadas anteriormente, ela também força a quebra de paradigmas por todos participantes. Mais uma vez, não se esqueça de avaliar o *feedback* dos participantes após a execução da atividade. O *feedback* é importante para que você identifique quais técnicas funcionam melhor em cada contexto de geração de novas ideias.

- A atividade foi útil para a geração das ideias?
- Qual momento da execução da dinâmica foi mais útil?
- O que foi mais desafiante?
- Em que outros contextos podemos aplicar essa dinâmica?
- Em uma escala de 5 a 10, como você classificaria essa dinâmica?
- O que você aprendeu?
- Quais ideias foram geradas e quais as mais interessantes?

Engenharia Reversa

Introdução

Quantas vezes você não se sentiu completamente imerso por seus problemas? Isso acontece porque, devido à gravidade do problema, somos forçados a focar apenas eles, não enxergando a solução. É como se você fosse um patrulheiro do Ibama que necessita proteger a Amazônia. Se ficar olhando apenas uma das folhas de uma das árvores que compõem a floresta, você certamente não será capaz de identificar a ação dos madeireiros ilegais. Em contrapartida, um helicóptero lhe forneceria uma visão ampla do problema, possibilitando a identificação dos focos do problema e as possíveis soluções.

Desse modo, a técnica Engenharia Reversa propõe justamente isso: o fim do foco no problema, que é substituído pelo foco nas diversas soluções. Essa técnica tem sido amplamente utilizada em sessões de *brainstorming*, sendo popularizada por Alex Osborn nos anos 1930. O famoso consultor em criatividade, Edward Bono, também incorporou a técnica de engenharia reversa ao repertório daquelas listadas em seu livro sobre pensamento lateral.

Muitos agentes da lei costumam utilizar os princípios da engenharia reversa para prender bandidos ou intimar devedores. Imagine como seria bom se os bandidos batessem na porta dos policiais ou de oficiais de polícia, para que pudessem ser presos ou intimados? Bem, pode parecer utopia, mas não é. Quem nunca ouviu falar de supostas festas criadas por policiais onde os meliantes são convidados de gala? Ouvi dizer que um oficial de justiça que, na impossibilidade de intimar o devedor (que sempre corria), resolveu utilizar da engenharia reversa: ligou para o devedor e disse que ele havia ganhado um prêmio. Desse modo, precisaria agendar uma data específica para que o prêmio lhe fosse entregue. O que o devedor não imaginava é que o prêmio era o confisco de seu automóvel.

Assim, a engenharia reversa promove uma pequena inversão da ordem dos fatos que compõem o problema, levando à solução que se tanto espera.

Objetivos

- Ajudar os participantes a gerarem o máximo de ideias criativas possível.
- Ajudar os participantes a aprenderem a utilizar atividades de geração de ideias.

Participantes

Pode ser aplicada individualmente ou pequenos grupos de quatro a sete pessoas.

Material necessário

- Para cada grupo: pincel atômico, *flip chart* e diversas folhas de papel.
- Para cada participante: um formulário, canetas e um pequeno bloco de *post-it*.

Formulário

O formulário a ser entregue aos participantes também é muito simples: ele contém diversas sentenças envolvendo a criação de novos produtos. Assim, todas as frases iniciarão por "Como poderíamos criar...?". Essa frase poderá levá-lo a questionar as perspectivas e paradigmas atuais. Lembra-se do caso do oficial de justiça? Sua solução pode ter sido alcançada com a seguinte pergunta: "Como eu poderia criar uma vontade intensa no devedor de me ver?".

Imagine que você deseja criar um novo design para uma lata de refrigerante. Seu formulário poderá conter as seguintes sentenças:

- Como criar uma garrafa de refrigerante?
- Como criar uma lata que nunca esquente?
- Como criar uma lata que não polui o ambiente?

Observe que a Engenharia Reversa tem seu foco no resultado e não no método que será utilizado. Isso favorece a criação de novas ideias e perspectivas.

Tempo: 30 minutos.

Procedimentos

1. Distribua os formulários para os participantes.

2. Instrua cada um a criar novas assertivas baseadas apenas nos resultados que se deseja obter: sem se preocupar com os meios para que isso aconteça.

3. Após a geração das diversas afirmações, diga para os participantes: "Inverta a direção da assertiva criada". A inversão não precisa ser necessariamente em algum aspecto do problema: basta que alguma inversão de paradigmas seja feita. Lembra-se do oficial de justiça? A inversão encontrava-se na quebra do paradigma de que o devedor nunca o esperaria ansiosamente em sua casa.

4. Encorage-os a criar o máximo de novas ideias e anotá-las em pedaços de *post-it*. Ao final do tempo, peça que os participantes colem os *post-it* no *flip chart* para a discussão com todos os participantes.

Discussão

A Engenharia Reversa tem grande potencial para a criação de ideias, já que força as pessoas a visualizarem um problema de uma maneira diferente. Após a atividade, não se esqueça de avaliar o *feedback* dos participantes. O *feedback* é importante para que você identifique quais técnicas funcionam melhor em cada contexto de geração de novas ideias.

- A atividade foi útil para a geração das ideias?
- Qual momento da execução da dinâmica foi mais útil?
- O que foi mais desafiante?
- Em que outros contextos podemos aplicar essa dinâmica?
- Em uma escala de 5 a 10, como você classificaria essa dinâmica?
- O que você aprendeu?
- Quais ideias foram geradas e quais as mais interessantes?

Ideias biônicas

Introdução

A mãe natureza é sábia. Já observou quantos problemas de plantas, animais e até do homem ela já resolveu? Por exemplo, as plantas sabem como buscar a luz do sol para se desenvolverem plenamente. Além disso, a natureza criou mecanismos para que fosse possível que os morcegos "enxergassem" sem possuir olhos; as cobras andassem sem ter pernas, dentre milhares de outros exemplos.

A técnica que aprenderemos a seguir busca analogias entre o problema que possuímos e a natureza: será que ela não resolveu um problema similar? Chamamos de "ideias biônicas" aquelas que a natureza utilizou para resolver seus próprios problemas. Muitas vezes, essas ideias biônicas podem ser utilizadas para resolver nossos próprios problemas. Vejamos o exemplo do voo dos pássaros: os ossos pneumáticos das aves e o uso adequado que elas fazem das diversas camadas de ar inspiraram diversos cientistas não apenas a criarem o avião, mas também aperfeiçoá-lo. Gostaria de outro exemplo? Pois bem, Alexander Graham Bell usou características da orelha humana para inventar o telefone. Um exemplo bem famoso de uso de ideias biônicas é o velcro.

Numa tarde de 1941, George de Mestral, um engenheiro suíço, pisava cuidadosamente sobre os arbustos e a grama, tentando não fazer barulho. Ele estava tentando ao máximo capturar a maior e mais gorda mosca rainha para sua coleção. Como gostava de observar os detalhes de todos os tipos de insetos em seu microscópio, achou esta mosca, com suas asinhas delicadas, particularmente interessante. Após tentar de todos os jeitos, voltou para casa no fim da tarde, desapontado. Apesar de não ter conseguido pegar nenhuma mosca, suas calças tiveram enorme sucesso pegando centenas de carrapichos. Intrigado com a dificuldade em retirar aquele pequeno fruto espinhento, se perguntava: como eles podiam grudar de tal forma na roupa?

George de Mestral resolveu, então, observar os carrapichos no microscópio para resolver esse mistério. Ele viu que os carrapichos são cobertos por pequenos ganchinhos, depois resolveu observar as próprias meias e viu que as fibras tinham lacinhos microscópicos que prendiam os ganchos. Concluiu que esses ganchinhos se prenderiam a qualquer superfície dotada de lacinhos, como as fibras da meia, o pelo de animais ou até mesmo cabelo humano. Ganchinhos do carrapicho agarrados aos lacinhos do tecido.

Essa estrutura deu ao inventor a ideia de produzir dois tipos diferentes de "tecidos": um seria similar à superfície do carrapicho, cheio de pequenos ganchinhos; o outro teria centenas de lacinhos. Juntando um ao outro, ele teria uma espécie de "adesivo" de tecidos.

George de Mestral tentou durante oito anos dominar a técnica que havia idealizado. Algumas vezes os laços eram grandes demais para os ganchos, e também acontecia o contrário. Continuou tentando, até que conseguiu, inventando assim o "velcro", nome criado por ele a partir das palavras francesas *velour* (veludo) e *crochet* (laço).

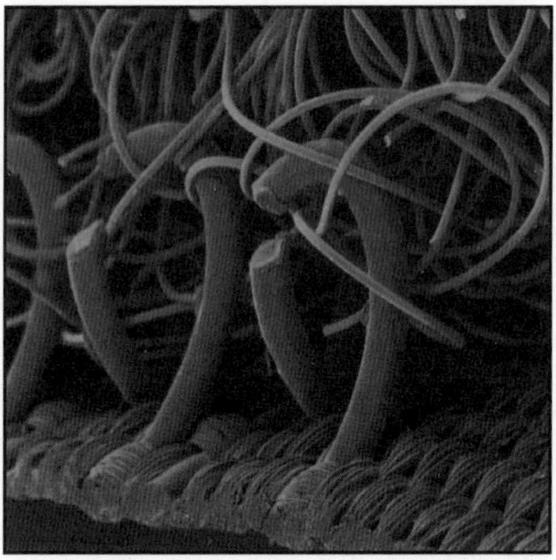

Velcro visto pelo microscópio.

A invenção está agora em toda parte. Olhe à sua volta: o velcro ajudou a manter unido um coração humano durante a primeira cirurgia de coração artificial; está em usinas nucleares e em tanques de guerra, prendendo ferramentas às paredes. Inclusive a NASA o usa dentro dos capacetes espaciais para que os astronautas possam esfregar o nariz ou a boca se estiverem coçando. Ele pode até segurar uma pessoa na parede, se tiver ganchinhos suficientes e a pessoa tiver coragem. (extraído de http://www.geocities.com/capecanaveral/hangar/6777/velcro.html)

Assim, uma indústria inteira foi criada utilizando-se da simples observação da natureza.

Objetivos

- Ajudar os participantes a gerarem o máximo de ideias criativas o possível.
- Ajudar os participantes a aprenderem a utilizar atividades de geração de ideias.

Participantes

Pode ser aplicada individualmente ou para pequenos grupos de quatro a sete pessoas.

Material necessário

- Para cada grupo: pincel atômico, *flip chart* e diversas folhas de papel.
- Para cada participante: um formulário, canetas e um pequeno bloco de *post-it*.

Formulário

Para essa dinâmica, o formulário não precisa de nada especial: apenas uma folha em branco contendo um título bem claro para o problema. Títulos claros geralmente, contêm um verbo e um objeto, por exemplo, "como aumentar as vendas", "como diminuir custos com a produção" etc.

Tempo: 30 minutos.

Procedimentos

1. Distribua os formulários contendo o título do problema e peça para cada grupo escrever o mesmo título em seu *flip chart*.

2. Diga para os participantes procurarem descobrir os processos por detrás do problema e peça que o especifiquem no *flip chart*. Por exemplo, suponha que você pretende diminuir os custos com a produção de seu artefato. Qual seria o processo por trás do alto custo: o excesso de funcionários, o custo da matéria-prima, o valor dos impostos ou os custos com transporte?

3. Após descobrirem os grandes responsáveis pelo problema, solicite que pensem em soluções biônicas. A natureza já resolveu algum problema similar a esse?

4. Encoraje-os a criar o máximo de novas ideias e anotá-las em pedaços de *post-it*. Ao final do tempo, peça que os participantes colem os *post-it* no *flip chart* para a discussão com todos os demais.

Exemplos de soluções biônicas

Imagine que você é um consultor em segurança recém-contratado para solucionar os problemas de pequenos furtos em uma loja de departamentos. Para resolver este problema, você decide tentar utilizar ideias biônicas.

Você define seu problema: "como diminuir os pequenos furtos na loja?" Ao analisar o problema, você constata que o processo por trás desse problema é a falta de segurança. Desse modo, sua meta torna-se a prevenção dos furtos. Assim, você faz uma lista de fenômenos na natureza que envolvem prevenção:

- A maioria dos pássaros faz seus ninhos no alto das árvores para prevenir o ataque de predadores.
- Alguns animais usam do mimetismo para se disfarçar em seu habitat e prevenir o ataque de seus inimigos.
- Esquilos criam estoques de nozes para se prevenirem da fome no inverno.
- Muitos casais de animais se alternam na vigília de seus ninhos, até que os ovos choquem.
- Camelos armazenam enormes quantidades de água em seus corpos para se prevenirem da sede e da desidratação.
- Quelônios (tartarugas, cágados, jabutis...) costumam esconder a cabeça e os membros dentro de seu casco, para se prevenirem de ataques de predadores.
- A natureza embutiu nos animais fortes instintos sexuais para prevenir os animais de sua extinção.
- As plantas costumam crescer em direção à fonte de luz para prevenir o seu subdesenvolvimento.
- Muitos animais fazem bastante barulho quando atacados para afastar seus inimigos.

Essas comparações podem lhe sugerir algumas das ideias a seguir:

• Coloque mercadorias pequenas e de alto valor em prateleiras altas, para evitar a ação dos ladrões.
• Instalar câmeras nos tetos para vigiar os clientes.
• Contratar seguranças à paisana para se misturarem as clientes.
• Reserve dinheiro para substituir as peças roubadas.
• Contrate seguranças que alternem seus turnos e ponto de vigilância.
• Recompense os clientes que denunciarem os pequenos roubos, dando descontos ou até mesmo prêmios para cada flagrante descoberto.
• Instale sensores em todos os artigos a serem vendidos. Tais dispositivos seriam retirados apenas no momento do pagamento e, caso não sejam retirados, levarão o alarme da loja a disparar durante a saída.
• Recompense os funcionários de maneira proporcional à queda dos furtos: quanto maior a queda nos furtos, maiores as recompensas a serem distribuídas entre eles.

Discussão

Algumas pessoas têm dificuldades em gerar as analogias biônicas. Uma forma de tentar resolver esse problema é listar o máximo de processos e princípios encontrados na biologia, por exemplo, osmose, meiose e mimetismo. Essas listas podem ser facilmente encontradas em livros de biologia ou até mesmo na Internet. De posse das listas, bastará descobrir as diversas analogias existentes entre cada um desses processos e o problema que precisa ser resolvido.

Mais uma vez, será importante que essa dinâmica seja avaliada pelos participantes.

• A atividade foi útil para a geração das ideias?
• Qual momento da execução da dinâmica foi mais útil?
• O que foi mais desafiante?
• Em que outros contextos podemos aplicar essa dinâmica?
• Em uma escala de 5 a 10, como você classificaria essa dinâmica?
• O que você aprendeu?
• Quais ideias foram geradas e quais as mais interessantes?

O que é isto?

Introdução

Imagine que você vai comprar um carro novo. Por incrível que pareça, ao chegar à concessionária, adquirir um veículo é uma das últimas coisas que surgirão em sua cabeça. Profissionais de marketing e propaganda frequentemente associam a imagem de produtos a diversos conceitos como fama, sucesso, bem-estar, saúde, dentre outros. Assim, ao buscar um novo carro, você provavelmente também procura todos esses conceitos que estão emparelhados ao seu futuro automóvel.

Vamos a um outro exemplo: imagine que duas fabricantes de café decidam promover seu produto. Ainda que tenha o mesmo sabor, cada uma das empresas decide criar uma campanha publicitária com um foco diferente. A primeira empresa decide focar sua publicidade no fato de o café ser saboroso. Em contrapartida, ainda que a segunda empresa tenha um produto de mesmo sabor, ela decide investir em uma campanha publicitária que agregue outros valores a seu produto, como luxo e bem-estar. Ainda que o produto seja essencialmente o mesmo, a segunda empresa deve vender muito mais café, visto que luxo e bem-estar são motivadores muito mais poderosos do que a possibilidade de se experimentar um café gostoso.

Veja abaixo alguns outros exemplos:

- Um carro do tipo *adventure* não é apenas um carro, mas um novo estilo de vida, recheado de aventura e emoção.
- Um relógio de pulso sofisticado (como o Tag Heuer) não é apenas um aparelho para se marcar o tempo, mas uma joia luxuosa.
- Em empresas que trabalham com marketing multinível, os vendedores não são apenas "vendedores", mas sim "empreendedores".
- Um treinamento *in company* não requer gastos, e sim investimentos.

Todos esses exemplos poderiam ter sido gerados pela técnica chamada "O que é isto?" Ela usa essa pergunta como método para gerar ideias envolvendo a situação-problema e a imagem que o produto deve passar.

Objetivos

- Ajudar os participantes a gerarem o máximo de ideias criativas possível.
- Ajudar os participantes a aprenderem a utilizar atividades de geração de ideias.

Participantes

Pode ser aplicada individualmente ou para pequenos grupos de quatro ou sete pessoas.

Material necessário

• Para cada grupo: pincel atômico, *flip chart* e diversas folhas de papel.
• Para cada participante: um formulário, canetas e um pequeno bloco de *post-it*.

Formulário

Para essa dinâmica, o formulário não precisa de nada especial: apenas uma folha em branco contendo um título bem claro para o problema. Títulos claros, geralmente, contêm um verbo e um objeto, por exemplo, "como aumentar as vendas", "como diminuir custos com a produção" etc. Abaixo do título, deve-se colocar algumas linhas em branco para que os participantes possam preenchê-las com os valores a serem associados ao novo produto.

Tempo: 45 minutos.

Procedimentos

1. Distribua os formulários contendo o título do problema e peça para cada grupo escrever o mesmo título em seu *flip chart*.

2. Diga aos participantes para procurarem descobrir ao menos 6 ideias a serem associadas à imagem dos produtos a serem vendidos.

3. Finalmente, cada grupo discutirá maneiras de se criar uma campanha publicitária envolvendo a associação entre cada produto e a imagem a que eles se referem.

4. Encoraje-os a criar o máximo de novas ideias e anotá-las em pedaços de *Post-it*. Ao final do tempo, peça que os participantes colem os *post-it* no *flip chart* para a discussão com todos os demais.

Discussão

Steve Jobs costuma dizer que as pessoas não sabem o que desejam, até que nós mostremos a elas. Essa técnica é muito útil, pois ela permite que sejam associadas diversas emoções e conceitos aos produtos a serem promovidos.

Não se esqueça de criar um cartão de *feedback* para que os participantes possam emitir sua opinião acerca da atividade.

- A atividade foi útil para a geração das ideias?
- Qual momento da execução da dinâmica foi mais útil?
- O que foi mais desafiante?
- Em que outros contextos podemos aplicar essa dinâmica?
- Em uma escala de 5 a 10, como você classificaria essa dinâmica?
- O que você aprendeu?
- Quais ideias foram geradas e quais as mais interessantes?

DINÂMICAS EXCLUSIVAS PARA GRUPOS

"O presente impõe formas. Sair dessa esfera e produzir outras formas constitui a criatividade."
Hugo von Hofmannsthal

Atividades em grupo

Pensamento de grupo é um tipo de pensamento excluir, que tenta minimizar conflitos e chegar ao consenso sem testar, analisar e avaliar criticamente as ideias. Durante o pensamento de grupo, seus membros evitam promover pontos de vista fora do pensamento consensual. Uma variedade de motivos para isto pode existir, tais como o desejo de evitar ser encarado como ridículo, ou o desejo de evitar perturbar ou irritar outros membros do grupo. O pensamento de grupo pode fazer com que grupos tomem decisões precipitadas e irracionais, excluir dúvidas individuais são postas de lado, por medo de perturbar o equilíbrio coletivo. O termo é frequentemente usado em sentido pejorativo. (adaptado de http://pt.wikipedia.org/wiki/Pensamento_de_grupo)

Desse modo, ao executarmos atividades em grupo, sempre precisamos evitar o pensamento de grupo. Lembra-se do ceticismo ativo? O pensamento em grupo geralmente não segue sua trilha e deve ser combatido. Além da ausência do ceticismo ativo, outra característica do pensamento em grupo é a manutenção da zona de conforto.

Zona de Conforto

Denominamos Zona de Conforto, um conjunto de contingências ambientais e comportamentos com os quais uma pessoa sente-se confortável, sem criar qualquer tipo de risco. Grosso modo, poderíamos descrever a personalidade de alguém de acordo com o sem alcance: pessoas bem-sucedidas, em quaisquer campos de atuação, precisam continuamente sair de sua zona de conforto. Imagine um sujeito que está desempregado e sem perspectivas de mudar essa situação. Ainda que a condição de desemprego seja um tanto quanto prejudicial para sua vida, deixá-la exige uma enorme quantidade de mudanças: buscar novas qualificações, estudar para algum concurso público, distribuir currículos por toda a cidade, dentre outras. Assim, para que o sujeito abandone a situação de desempregado, ele precisaria deixar a zona de conforto e ir em direção a novas soluções para seu problema.

Você se lembra da Lei da Inércia? Segundo ela, um corpo parado tende a ficar parado e um corpo em movimento tende a continuar em movimento. Esta lei pode ser comparada à zona de conforto. Assim como na inércia, uma pessoa que se estabilizou em sua zona de conforto tenderá a permanecer ali, sem ao menos colocar "um pé" para fora dessa situação.

Mas como sair dela? Para atingir este objetivo, a pessoa precisa experimentar comportamentos completamente novos e, consequentemente, obter resultados totalmente diferentes dos que vem obtendo. Vamos a um exemplo: imagine que você está completamente insatisfeito com seu trabalho. Ainda que o deteste, ele traz uma sensação de segurança que lhe impede de pedir demissão e buscar outro emprego.

Assim, a zona de conforto surge como um dos obstáculos para se desenvolver a criatividade de sua equipe. Certamente, alguns de seus companheiros dirão: "para quê treinar nossa criatividade? Já somos bons o suficiente!". Nesse caso, caberá a você esclarecer a importância de abandoná-la e sair em busca de novas possibilidades.

Antigamente, em meus workshops, eu costumava dizer a seguinte frase: "se você continuar fazendo aquilo que você sempre tem feito, acabará por conseguir os resultados que você sempre obteve". Com o passar dos anos, percebi que isso não é completamente verdadeiro: ao repetir as ações passadas, a tendência não é que os resultados deixem de melhorar! Na verdade, eles começam a piorar. Ainda que suas ações permaneçam as mesmas, o ambiente em que você está inserido está em constante mudança. Assim, a tendência é que seus resultados apenas piorem. A seguir, selecionei uma pequena fábula que mostra isso com bastante clareza.

Persistência *versus* mudanças

Contam que, certa vez, duas moscas caíram num copo de leite. A primeira era forte e valente. Assim, logo ao cair, nadou até a borda do copo. Mas, como a superfície era muito lisa e ela tinha suas asas molhadas, não conseguiu sair. Acreditando que não havia saída, a mosca desanimou, parou de nadar e se debater e afundou.

Sua companheira de infortúnio, apesar de não ser tão forte, era tenaz. Continuou a se debater, a se debater e a se debater por tanto tempo que, aos poucos, o leite ao seu redor, com toda aquela agitação, foi se transformando e formou um pequeno nódulo de manteiga, no qual a mosca tenaz conseguiu com muito esforço subir e dali alçar voo para algum lugar seguro.

Durante anos, ouvi esta primeira parte da história como elogio à persistência, que, sem dúvida, é um hábito que nos leva ao sucesso, no entanto...

Tempos depois, a mosca tenaz, por descuido ou acidente, novamente caiu no copo. Como já havia aprendido em sua experiência anterior, começou a se debater, na esperança de que, no devido tempo, se salvaria. Outra mosca, passando por ali e vendo a aflição da companheira de espécie, pousou na beira do copo e gritou: "Tem um canudo ali, nade até lá e suba por ele!" A mosca tenaz não lhe deu ouvidos, baseando-se na sua experiência anterior de sucesso e, continuou a se debater e a se debater, até que, exausta, afundou no copo cheio de água.

Quantos de nós, baseados em experiências anteriores, deixamos de notar as mudanças de ambiente e ficamos nos esforçando para alcançar os resultados esperados, até que afundamos na própria falta de visão? Fazemos isso, quando não conseguimos ouvir aquilo que quem está de fora da situação nos diz. (autor desconhecido)

GRUPO *VERSUS* INDIVIDUAL

Conforme dito anteriormente, não existe problema que as atividades individuais sejam também utilizadas por grupos. Desse modo, todas as dinâmicas listadas no capítulo anterior podem ser facilmente adaptadas para trabalhos em grupo. Em contrapartida, as dinâmicas grupais nunca poderão ser feitas individualmente. Assim, é sobre essas dinâmicas que discutiremos neste capítulo.

Seja o número 1

Introdução

Quem não deseja ser o número 1? Nelson Piquet costumava dizer que o segundo lugar era o primeiro na lista de perdedores. No entanto, o desejo em ser o número 1 não é privilégio de esportistas. No mundo corporativo, é importante escolher um nicho comercial e, buscando a excelência, dominá-lo. Quem nunca ouviu falar do Google? Quando seus criadores foram questionados acerca da origem de tantas ideias inovadoras, a resposta foi simples: "apenas buscamos oferecer o melhor serviço o possível". Assim, a busca pela excelência é uma realidade no mundo atual.

Nessa dinâmica "Seja o número 1", abordaremos maneiras de se utilizar a busca pela excelência como um modo de gerar ideias. Tudo o que seu grupo precisará fazer é listar todas as qualidades que seu produto já possui atualmente e, em seguida, listar características que o tornariam o número 1.

Objetivos

- Ajudar os participantes a gerarem o máximo de ideias criativas possível.
- Ajudar os participantes a aprenderem a utilizar atividades de geração de ideias.

Participantes

Pode ser aplicada em pequenos grupos de quatro a sete pessoas.

Material necessário

- Para cada grupo: pincel atômico, *flip chart* e diversas folhas de papel.
- Para cada participante: um formulário e canetas.

Formulário

Para utilizar a dinâmica "Seja o número 1", cada participante receberá um formulário contendo duas colunas: a primeira intitulada "Características atuais" e a segundo intitulada "Características para a excelência".

Tempo: 30 minutos.

Procedimentos

1. Distribua entre os participantes os formulários referentes à atividade "Seja o número 1".

2. Instrua os grupos a listarem no formulário, em apenas uma coluna, todas as qualidades dos processos ou produtos a serem melhorados. Não inclua apenas as qualidades essenciais, mas também as acessórias ou supérfluas.

3. Após listarem todas as características, peça ao coordenador de cada grupo para anotar todas elas no *flip chart*. Mais uma vez, será utilizada apenas uma coluna para isso.

4. Instrua cada participante a preencher a segunda coluna de seu formulário, utilizando alguma qualidade que torna a característica listada anteriormente como a melhor possível. Por exemplo, suponha que você deseja melhorar um papel higiênico. Desse modo, poderia surgir na primeira coluna a características: folhas simples e macias. Em contrapartida, na segunda coluna poderiam surgir características como: folhas duplas, macias e cheirosas.

Características atuais	Características para a excelência
Folha simples Folhas macias	Folhas duplas Folhas macias e cheirosas

Tabela 11.1.

5. Após cada participante listar as características atuais e as características para a excelência, o coordenador de cada grupo anotará no *flip chart* todas as características para excelência listadas pelos participantes.

6. Finalmente, cada grupo fará um *brainstorming* acerca de ideias que possam possibilitar que cada característica de excelência seja alcançada.

Discussão

Uma das grandes vantagens dessa técnica é que ela cria um ar de competitividade que auxilia o processo criativo. Ao listar as características atuais de seus produtos, os participantes se remetem aos produtos da concorrência e a possibilidade de "derrotá-los", com produtos ainda melhores e mais criativos. Mais uma vez, não se pode criar o risco de se censurar alguma ideias antes do período de avaliação.

Não se esqueça de criar um cartão de *feedback* para que os participantes possam emitir sua opinião acerca da atividade.

- A atividade foi útil para a geração das ideias?
- Qual momento da execução da dinâmica foi mais útil?
- O que foi mais desafiante?
- Em que outros contextos podemos aplicar essa dinâmica?
- Em uma escala de 5 a 10, como você classificaria essa dinâmica?
- O que você aprendeu?
- Quais ideias foram geradas e quais as mais interessantes?

Exposição de arte

Introdução

Quem nunca visitou um museu de arte? De acordo com o dicionário, podemos compreender a pintura como sendo *a representação visual por meio das cores*. No entanto, quando se estende o conceito de pintura até o campo da arte, seu significado se expande para muito além disso.

Um bom exemplo sobre essa expansão do conceito de pintura é o quadro "A persistência da memória", de Salvador Dali.

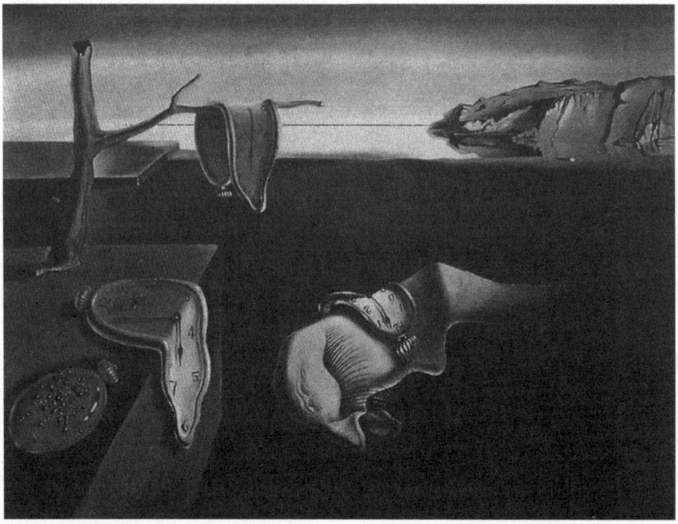

À primeira vista, esse poderia ser apenas um quadro sobre relógios que derretem. No entanto, na época de seu surgimento, o aquecimento global ainda não estava tão em voga. Na verdade, a flacidez dos relógios dependurados e escorrendo mostra duas preocupações humanas: o tempo e a memória. Insta salientar, que essa é apenas uma análise bem superficial acerca dessa obra: um olhar mais atento poderia encontrar muitos outros símbolos e emoções evocadas por essa pintura.

Desse modo, uma mesma pintura pode despertar as mais diversas reações em cada pessoa. Ódio, medo, raiva, alegria... Todos podem ser evocados por uma mesma pintura – desde que observada por pessoas diferentes. Desse modo, por serem riquíssimas fontes de reações nas pessoas, as pinturas também são fontes riquíssimas de estímulos para a criatividade. Assim, grupos de criatividade podem utilizar desses estímulos visuais para gerarem ideias e se divertirem ao mesmo tempo.

Objetivos

- Ajudar os participantes a gerarem o máximo de ideias criativas possível.
- Ajudar os participantes a aprenderem a utilizar atividades de geração de ideias.

Participantes

Pode ser aplicada em pequenos grupos de quatro a sete pessoas.

Material necessário

- Para cada grupo: pincel atômico, *flip chart* e diversas folhas de papel.
- Para cada participante: um bloco de *post-it*, folhas de papel, tintas de diversos tipos e lápis coloridos.

Formulário

Para essa dinâmica, não serão utilizados formulários. Cada participante receberá seu material (folhas de papel, tintas, canetas e lápis) e fará um desenho que represente a solução para o problema.

Tempo: 60 minutos.

Procedimentos

1. Diga para cada participante, individualmente, desenhar uma figura que represente a solução para o problema inicialmente apresentado. Esse desenho pode surgir por associação livre de ideias ou até mesmo pelo uso individual de algumas das técnicas de *brainstorming* listadas anteriormente neste livro. Diga que o desenho pode ser realístico ou abstrato e que o talento artístico não é importante. Nessa dinâmica, o que realmente importa é a impressão que cada desenho causará em cada um dos participantes.

2. Quando todos terminarem seus desenhos, diga para cada um colar o seu no *flip chart* ou nas paredes da sala.

3. Instrua todos os participantes para caminharem pela sala examinando cada desenho da mesma maneira como o fazem em museus. Quais seriam os significados velados existentes em cada desenho?

4. Peça para cada participante anotar nas folhas de *post-it* as ideias que as pinturas evocaram (uma ideia por folhinha do bloco).

5. Cada participante colará seus *post-it* no *flip chart* de seu grupo.

6. Cada grupo discutirá suas ideias e elegerá as melhores, para, posteriormente, discutirem com **todos** os participantes.

Variações

a. Peça que metade dos grupos faça um desenho abstrato e que a outra metade faça uma representação realística acerca da solução apresentada.

b. Outra variação seria permitir que todas as pinturas tenham participação de todos os envolvidos na dinâmica. Para isso, todos ficariam sentados em uma mesa fazendo seus desenhos. Após alguns minutos, o coordenador faria um sinal para que cada um passasse seu desenho para o participante ao lado. Em seguida, cada participante passaria a completar o desenho que havia sido iniciado anteriormente pelo participante ao lado. Novamente, após alguns minutos, o coordenador daria um sinal para que todos passassem o desenho em que estavam participando para o colega ao lado. Assim, o processo se repetiria até que todos tenham contribuído em todos os desenhos.

Discussão

Não é preciso que os participantes tenham talento artístico para fazer essa atividade. Algumas vezes, desenhos com baixíssima qualidade artística acabam por evocar ideias mais criativas que aqueles muitíssimo bem feitos. A razão é simples: desenhos "malfeitos" acabam por aguçar a imaginação acerca do que eles seriam, tornando-se excelentes gatilhos para a criatividade. Durante a execução do exercício, surgirão desenhos realísticos e abstratos. Ao final da atividade, questione aos participantes se houve alguma diferença entre as pinturas abstratas e realísticas, no que tange a evocação de ideias criativas. Ao final da atividade, será preciso que os participantes lhe deem um *feedback* acerca daquilo que foi discutido e criado.

- A atividade foi útil para a geração das ideias?
- Qual momento da execução da dinâmica foi mais útil?
- O que foi mais desafiante?
- Em que outros contextos podemos aplicar essa dinâmica?
- Em uma escala de 5 a 10, como você classificaria essa dinâmica?
- O que você aprendeu?
- Quais ideias foram geradas e quais as mais interessantes?

Caia na real

Introdução

Todos já ouvimos alguma vez as expressões: "essa é a ideia mais estúpida que eu já ouvi", "isso nunca vai dar certo", "quanta idiotice", "caia na real!", dentre outras. Devido à existência da zona de conforto, nós temos uma tendência em reagir negativamente quando ouvimos alguma ideia inusitada. Geralmente, quanto mais inovadora, mais repulsa ela causa em nós. Essa reação pode ser descrita da seguinte maneira: "Se eu nunca ouvi falar ou se vai contra tudo o que aprendi até hoje, então não presta!".

Caia na real! Essa atitude negativa não trará qualquer benefício para nosso desenvolvimento individual ou em grupo. Na verdade, esse tipo de atitude consegue criar um clima bastante negativo entre os colegas de equipe, visto que todos passam a se policiar bastante, censurando todas as suas ideias.

No entanto, fique tranquilo! Existe um lado positivo em "cair na real"! Se utilizada corretamente, essa técnica pode ser muito útil para adaptar ideias que não foram aceitas no processo de avaliação do *brainstorming*.

Objetivos

- Ajudar os participantes a gerarem o máximo de ideias criativas possível.
- Ajudar os participantes a aprenderem a utilizar atividades de geração de ideias.

Participantes

Pode ser aplicada em pequenos grupos de quatro a sete pessoas.

Material necessário

- Para cada grupo: pincel atômico, *flip chart* e diversas folhas de papel.
- Para cada participante: um formulário e canetas.

Formulário

O formulário para essa dinâmica não precisa de qualquer texto em especial. Você precisará de apenas uma folha em branco para que cada participante liste as duas piores ideias que surgiram no processo de *brainstorming* e suas respectivas adaptações.

Tempo: 30 minutos.

Procedimentos

1. Distribua entre os participantes os formulários referentes à atividade.

2. Instrua-os a iniciarem uma seção de *brainstorming* por aproximadamente 15 minutos.

3. Cada participante é instruído a eleger, dentre suas próprias ideias, aquela que é mais impraticável ou estúpida. Essa ideia será escrita em um *post-it* e entregue ao coordenador de seu grupo.

4. O coordenador de cada grupo, de posse de todos os *post-it* com as ideias mais estúpidas, define as três mais impraticáveis dentre todas elas.

5. O coordenador de cada grupo anotará essas três ideias mais impraticáveis no *flip chart* e instruirá todos os participantes a iniciarem um novo *brainstorming*: como adaptar essas ideias e torná-las úteis e praticáveis?

6. Cada participante anotará suas novas ideias em seus blocos de *post-it* e as afixará no *flip chart*.

7. O coordenador lê todas as ideias e inicia a avaliação de todas elas.

Discussão

Esse é um exercício muito divertido e interessante, principalmente para participantes que são excessivamente críticos. Nesses casos, o criticismo excessivo acaba por se tornar um combustível para o processo de *brainstorming*.

É surpreendente a maneira como ideias supostamente taxadas como "idiotas" podem ser utilizadas como estímulos para a geração de ideias simplesmente brilhantes. Ideias não precisam se encaixar perfeitamente aos seus problemas; elas também pode ser gatilhos para outras ideias, mais práticas e interessantes.

Como em todos os exercícios, ao final da atividade será preciso que os participantes lhe deem um *feedback* acerca daquilo que foi discutido e criado.

- A atividade foi útil para a geração das ideias?
- Qual momento da execução da dinâmica foi mais útil?
- O que foi mais desafiante?
- Em que outros contextos podemos aplicar essa dinâmica?
- Em uma escala de 5 a 10, como você classificaria essa dinâmica?
- O que você aprendeu?
- Quais ideias foram geradas e quais as mais interessantes?

MAPAS MENTAIS

"O segredo da criatividade é saber como esconder as fontes."
Albert Einstein

Mapas Mentais

Nas novas formas de educação, a ênfase anterior precisa ser invertida. Em vez de ensinar inicialmente fatos individuais sobre outras coisas, nós precisamos primeiro ensinar ao aluno fatos sobre ele mesmo: maneiras como ele pode aprender, pensar, evocar, criar e resolver problemas de uma forma melhor.

Tony Buzan

Tony Buzan, o criador dos mapas mentais, uma vez disse que "um executivo geralmente despende algo em torno de 1.000 a 10.000 horas aprendendo de maneira formal assuntos como economia, história, idiomas, literatura, matemática e ciências sociais. Em contrapartida, o mesmo executivo geralmente despende menos de 10 horas aprendendo sobre o pensamento criativo".

Foram esses números que incentivaram Buzan a desenvolver a técnica de mapeamento mental, um dos organizadores gráficos mais efetivos no processo do pensamento criativo. Ao contrário dos organizadores gráficos mais conhecidos (quadro sinóptico, chaves dicotômicas...), a técnica de mapeamento mental não possui qualquer rigidez em relação a sua forma. Essa flexibilidade permite que o pensamento criativo se desenvolva de maneira mais livre. Em meu outro livro, "Super-memória, você também pode ter uma", mostramos a importância da criação de categorias para se enquadrar os assuntos a serem memorizados. Os mapas mentais são criados utilizando o princípio da categorização. Grosso modo, escreve-se no centro do papel algum tópico a ser estudado ou trabalhado. Desse centro, sairão diversos ramos com direção assistemática. Em seguida, definem-se diversas categorias acerca desse assunto. Essas categorias são inseridas nos ramos. Posteriormente, essas categorias se dividem em subcategorias, que se dividem em novas subcategorias e assim sucessivamente.

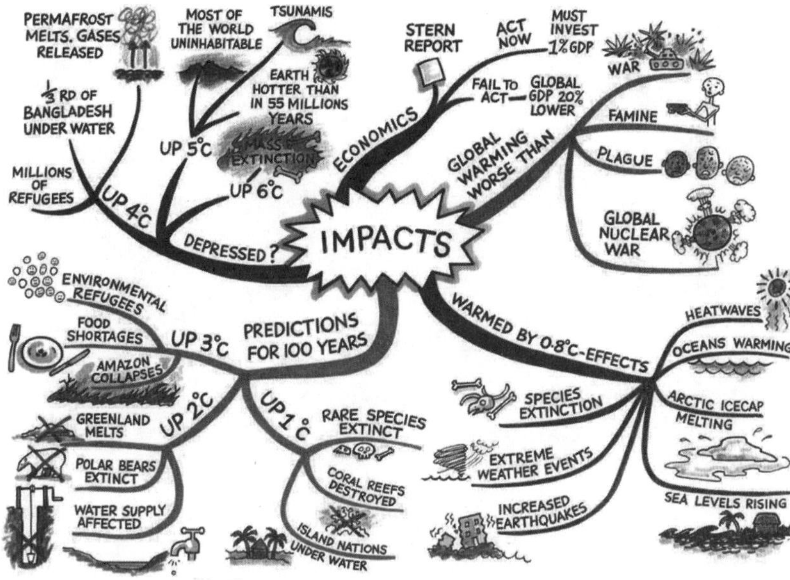
IMPACTS
ECONOMICS
STERN REPORT
ACT NOW
MUST INVEST 1% GDP
FAIL TO ACT
GLOBAL GDP 20% LOWER
GLOBAL WARMING WORSE THAN
WAR
FAMINE
PLAGUE
GLOBAL NUCLEAR WAR
WARMED BY 0.8°C-EFFECTS
HEATWAVES
OCEANS WARMING
ARCTIC ICECAP MELTING
SEA LEVELS RISING
SPECIES EXTINCTION
EXTREME WEATHER EVENTS
INCREASED EARTHQUAKES
PREDICTIONS FOR 100 YEARS
UP 1°C
RARE SPECIES EXTINCT
CORAL REEFS DESTROYED
ISLAND NATIONS UNDER WATER
UP 2°C
GREENLAND MELTS
POLAR BEARS EXTINCT
WATER SUPPLY AFFECTED
UP 3°C
ENVIRONMENTAL REFUGEES
FOOD SHORTAGES
AMAZON COLLAPSES
DEPRESSED?
UP 4°C
MILLIONS OF REFUGEES
1/3 RD OF BANGLADESH UNDER WATER
PERMAFROST MELTS, GASES RELEASED
UP 5°C
MOST OF THE WORLD UNINHABITABLE
TSUNAMIS
EARTH HOTTER THAN IN 55 MILLIONS YEARS
UP 6°C
MASS EXTINCTION

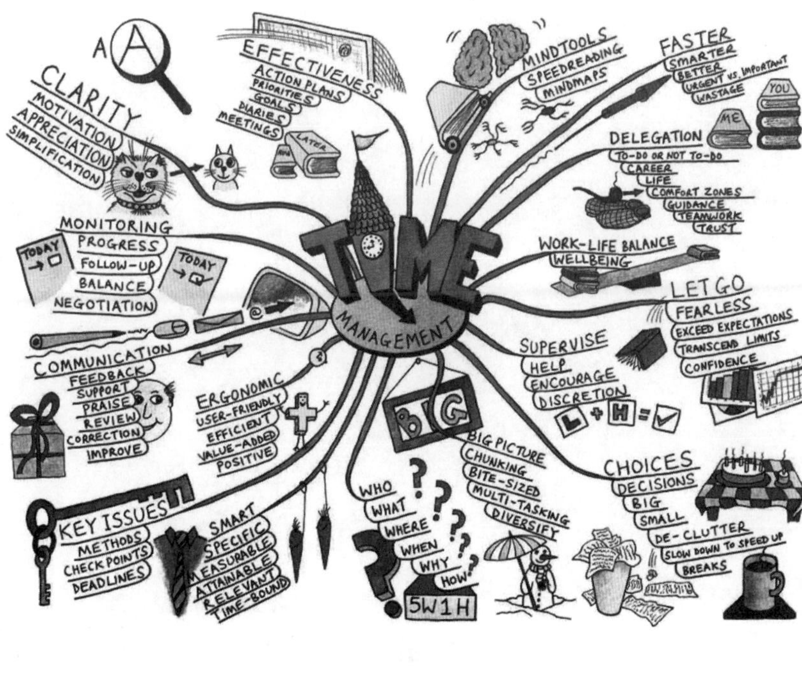
TIME MANAGEMENT
CLARITY
MOTIVATION
APPRECIATION
SIMPLIFICATION
EFFECTIVENESS
ACTION PLANS
PRIORITIES
GOALS
DIARIES
MEETINGS
LATER
MINDTOOLS
SPEEDREADING
MINDMAPS
FASTER
SMARTER
BETTER
URGENT VS. IMPORTANT
WASTAGE
YOU
ME
DELEGATION
TO-DO OR NOT TO-DO
CAREER
LIFE
COMFORT ZONES
GUIDANCE
TEAMWORK
TRUST
WORK-LIFE BALANCE
WELLBEING
LET GO
FEARLESS
EXCEED EXPECTATIONS
TRANSCEND LIMITS
CONFIDENCE
SUPERVISE
HELP
ENCOURAGE
DISCRETION
CHOICES
DECISIONS
BIG
SMALL
DE-CLUTTER
SLOW DOWN TO SPEED UP
BREAKS
BIG
BIG PICTURE
CHUNKING
BITE-SIZED
MULTI-TASKING
DIVERSIFY
WHO
WHAT
WHERE
WHEN
WHY
HOW
5W1H
SMART
SPECIFIC
MEASURABLE
ATTAINABLE
RELEVANT
TIME-BOUND
KEY ISSUES
METHODS
CHECK POINTS
DEADLINES
ERGONOMIC
USER-FRIENDLY
EFFICIENT
VALUE-ADDED
POSITIVE
COMMUNICATION
FEEDBACK
SUPPORT
PRAISE
REVIEW
CORRECTION
IMPROVE
MONITORING
PROGRESS
FOLLOW-UP
BALANCE
NEGOTIATION
TODAY

BREAK DOWN BARRIERS
RECOGNISE DIFFERENCES
INCREASE SELF CONFIDENCE
IMPROVE WELLBEING
CONSUMER & PRODUCER
we educate
HOLISTIC
experiences
social issues
stimulation
senses
NOT SUBJECT BASED!
DEVELOPING THE full variety of
EDUCATION IS ABOUT
SEE THE BIGGER PICTURE!
EXPLORE VALUES
understand CULTURAL CHANGE
engage with 21st life
CULTURE
TASTE
KNOWLEDGE
displaying
EDUCATED
based on
INFORMATION & EXPERIENCE
Art & Design
imagination as a resource
SKILLS BASED LEARNING
PROBLEM SOLVING
INTERPERSONAL SKILLS
RECOGNISING FEELINGS
IMPORTANCE of VALUES
EXPERIENTIAL CURRICULUM
APPLY KNOWLEDGE & EXPERIENCE
to
DEVELOP MULTIPLE SOLUTIONS
MAKE DECISIONS IN THE ABSENCE OF RULES
WORK WITHIN CONSTRAINTS OF A MEDIUM
DEVELOPING CREATIVE THOUGHT
SKETCH BOOK
FRAME THE WORLD IN AN
CRITICAL EVALUATION

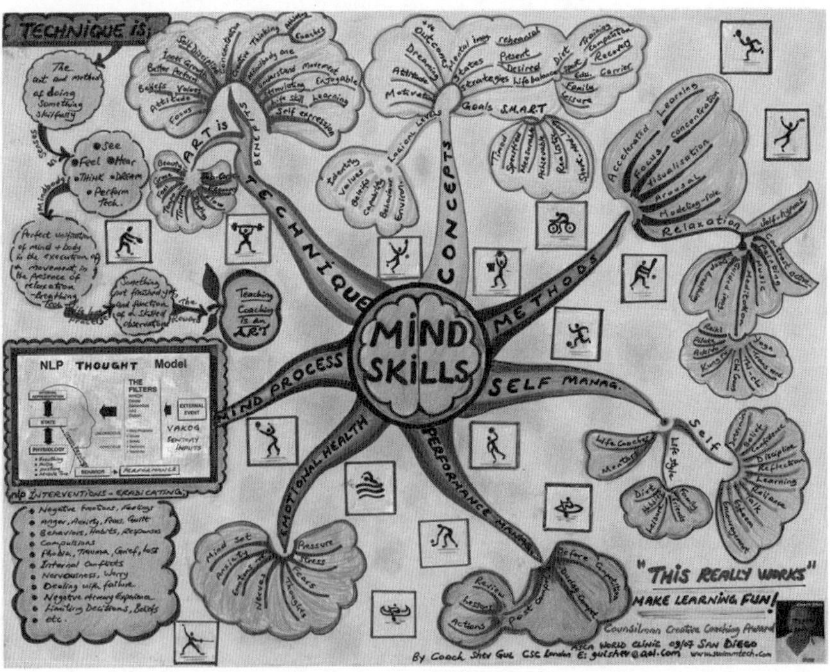
TECHNIQUE IS:
The art and method of doing something skilfully
See
Feel
Hear
Think
Dream
Perform Tech.
ART is
BENEFITS
TECHNIQUE
CONCEPTS
METHODS
MIND SKILLS
MIND PROCESS
SELF MANAG.
EMOTIONAL HEALTH
PERFORMANCE MANAG.
Goals S.M.A.R.T
Motivation
Relaxation
Self
Teaching Coaching is an ART
NLP THOUGHT Model
THE FILTERS
VAKOG
NLP INTERVENTIONS - ERADICATING:
Negative Emotions, Feelings
Anger, Anxiety, Fears, Guilt
Behaviours, Habits, Responses
Compulsions
Phobia, Trauma, Grief, Loss
Internal Conflicts
Nervousness, Worry
Dealing with failure
Negative Memory Experience
Limiting Decisions, Beliefs
etc.
"THIS REALLY WORKS"
MAKE LEARNING FUN!
By Coach Sher Gul CSC London

VISÃO DE CONJUNTO

Antigamente, era comum que os professores exigissem que seus alunos memorizassem poesias. Você lembra-se da técnica que utilizava para isso? Será que você repetia insistentemente cada estrofe separadamente, se dirigindo à próxima estrofe somente após a memorização anterior? Ou tentava memorizar a poesia como um todo, sem decompô-la em seções? Grande parte das escolas insiste em ensinar a seus alunos o primeiro método – ainda que pesquisas mostrem que ele não é o mais adequado. Conforme dito anteriormente, nossa memória funciona melhor quando o significado é claro. Decompor passagens significativas é perder todas as correlações que tornariam mais fácil o aprendizado. Evite segmentar o assunto a ser estudado. Se o que você vai estudar não é muito longo, é melhor que tente guardá-lo como um todo. Assim terá uma maior significação para você – será bem mais fácil se lembrar. Se for necessário estudar um trecho muito longo, encare-o inicialmente como um todo, lendo o texto do início ao fim algumas vezes, sem divisões, para garantir a correlação entre as suas diversas partes. Posteriormente, decomponha-o no menor número de partes possível. Assegure-se também que cada parte tem um sentido e uma associação definida com a anterior e com a seguinte. As experiências mostram que se pode economizar 20% do tempo necessário para memorizar um assunto utilizando o aprendizado do "todo" em vez do aprendizado "por partes". Em uma dessas experiências deu-se a um jovem duas passagens de poesia para memorizar, cada uma com duzentas e quarenta linhas O rapaz estudou um dos trechos como um todo e o outro por partes. O experimentador fixou um tempo de estudo, para o rapaz, de 35 minutos por dia. Os resultados foram os seguintes:

Método de estudo	Dias necessários	Minutos necessários
30 linhas por dia; depois rever o texto até conhecê-lo de cor.	12	415
Ler todo o texto três vezes por dia até conhecê-lo de cor.	10	348

Tabela 12.1.

O método da Visão de Conjunto permitiu ao rapaz economizar 83 minutos. Entretanto, outras experiências, dependendo da extensão da tarefa, demonstraram que o método do aprendizado por partes conduz a resultados mais rápidos. Com base nesses resultados divergentes, qual seria então o melhor método? Em vez de seguir cegamente uma regra mecânica, adapte as regras às circunstâncias. Se deseja aprender algo pequeno, ou relativamente pequeno, procure considerá-lo como um todo. Se o que tem a aprender é longo, use a visão de conjunto e procure aprendê-lo em partes tão grandes quanto possível, sem se esquecer de associar cada pedaço com as partes vizinhas. Nos dois casos você deve usar um princípio muito importante do aprendizado, chamado de princípio de Primazia e Antiguidade. Segundo esse princípio, o que você aprender primeiro será facilmente lembrado, aquilo que aprender por último será lembrado com um pouco mais de dificuldade, e o que aprender no meio será muito mais difícil de se lembrar. Qual a importância de se conhecer esses princípios? A vantagem é a seguinte: sabendo que o que se aprende no meio é mais difícil de guardar, você poderá evitar a decepção de esquecê-lo dedicando maior atenção às etapas intermediárias da tarefa.

Outra grande vantagem para o uso de mapas mentais em processos criativos é que eles respeitam o princípio da ideia de conjunto. Por se tratar de um tipo de organizador gráfico baseado inteiramente em palavras-chave ou símbolos, ele funciona como um verdadeiro compactador da informação. Assim, cada símbolo ou palavra-chave visualizado se torna gatilho de memória de enorme gama de informações.

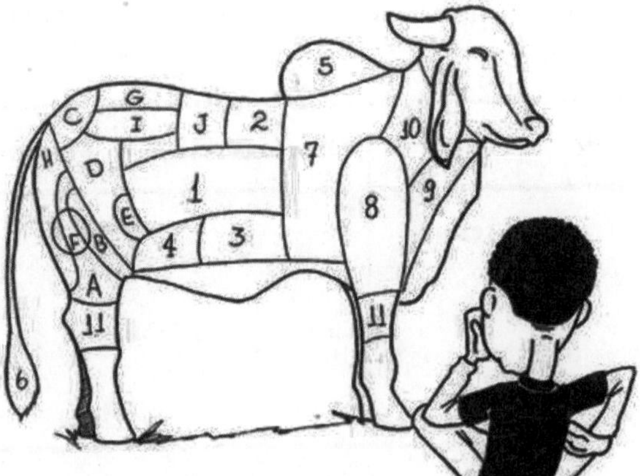

Aplicações

Os mapas mentais possuem um número muito vasto de aplicações – qualquer assunto que envolva o uso de categorias que se subdividem em outras categorias é possível de ser mapeado mentalmente. Veja a seguir, alguns exemplos de aplicações para a técnica de mapeamento mental.

- **Redações**: muitos estudantes costumam desenvolver suas ideias no curso de criação da redação. Infelizmente, esse hábito acaba por levá-los a se perderem em suas ideias, fugindo completamente daquelas a serem discutidas. A criação de um mapa mental previamente à escrita da redação permite ao estudante criar uma introdução compatível com todas as ideias a serem discutidas no texto. Além disso, a técnica facilita escritores a desenvolverem seus personagens. É recomendado que o autor, antes de iniciar seu texto, faça mapas mentais envolvendo cada um de seus personagens, de forma a poder detalhar ao máximo os traços de sua personalidade, árvore genealógica, rol de amigos...
- **Elaboração de projetos**: a técnica de mapeamento mental é altamente recomendada na elaboração de projetos, dada sua capacidade de síntese e apelo visual. Os símbolos mantêm a equipe criativa e permitem que sua criatividade se desenvolva ao máximo.
- ***Brainstorming***: dada a estrutura do mapa mental – ou sua falta de estrutura –, essa técnica é totalmente compatível com o processo de *brainstorming*, descrito anteriormente.
- **Reuniões**: quem nunca participou de alguma reunião improdutiva, que levante a mão. Uma vez, participei de uma reunião em que discutimos quais temas seriam abordados nas próximas reuniões – uma tremenda perda de tempo, eu diria. Para evitar esse tipo de coisa, antes das reuniões, os diretores podem organizar um mapa mental em relação aos assuntos a serem abordados. Assim, ganha-se tempo não apenas pela preparação prévia, mas também pela capacidade de síntese que os mapas mentais possuem.
- ***To do Lists***: se as populares *to do lists* (lista de tarefas a serem realizadas diariamente) não têm funcionado com você, procure organizá-las por meio de um mapa mental. Certamente, você terá resultados melhores.
- **Apresentações**: devido a seu poder de síntese e forte apelo visual, os mapas mentais são uma excelente ferramenta para a criação do texto a ser dito em uma palestra ou discurso. Pelo fato de os mapas mentais basearem-se em símbolos e palavras-chave, o orador se focará apenas nas ideias a serem

abordadas, em vez de focar na forma como tudo será dito. Isso aumenta a articulação do orador acerca do assunto a ser discutido. Além disso, ao criar uma apresentação na forma de mapa mental, fica mais fácil o entendimento para o público.

Vantagens dos mapas mentais

Além das vantagens ditas anteriormente, poderíamos também destacar:

- Ao centralizarmos o tópico, a ideia principal fica mais clara.
- Fica bem evidente quais ideias são mais importantes que outras. Ideias próximas do centro são mais importantes que ideias longe dele.
- As relações entre os conceitos são reconhecidas imediatamente, tornando as revisões e evocações em voz alta muito mais fáceis.
- Sua estrutura permite atualizações de maneira rápida e fácil. Caso ele seja feito no computador, isso te torna ainda mais fácil.
- Ao utilizarmos cores e figuras, criamos mais gatilhos de memória, facilitando a memorização e posterior evocação do assunto memorizado.

Exercício

Agora que você já conhece a ferramenta de mapeamento mental, crie mapas mentais sobre os seguintes tópicos:

- dança
- livro
- política
- seu filme favorito
- vermelho

LEITURA DINÂMICA

"Qual Ioga, qual nada! A melhor ginástica respiratória que existe é a leitura, em voz alta, dos Lusíadas."
Mário Quintana

POR QUE LER MAIS RÁPIDO?

Atualmente, existem no mercado diversos cursos de leitura dinâmica, com métodos que variam entre livros, CDs, programas de computador e até mesmo verdadeiras máquinas para leitura. Alguns desses programas alegam ser capazes de ensiná-lo a ler com velocidades que variam entre 2.000 a 25.000 palavras por minuto. Atualmente, só conhecemos uma pessoa capaz de ler a essas velocidades e com alta compreensão: Kim Peek. Ao contrário do que você possa imaginar, Kim jamais frequentou qualquer um desses cursos de leitura dinâmica. Na verdade, ele nasceu em 1951, com uma cabeça bem maior que o normal, em cuja parte posterior havia uma encefalocele (uma "bolha", do tamanho de uma bola de beisebol), que desapareceu. Havia também outras anormalidades – incluindo deformação do cerebelo – responsáveis por suas grandes dificuldades motoras. No entanto, o mais notável é a ausência do corpo caloso, a grande placa de tecido nervoso que normalmente interliga os hemisférios cerebrais. Os cientistas não sabem ao certo, mas essa combinação de anomalias tornou seu cérebro capaz de desenvolver uma habilidade de leitura e memorização realmente impressionantes.

Kim é capaz de ler duas páginas ao mesmo tempo, cada uma com um olho. Ele é rapaz de evocar com precisão qualquer trecho dos mais de 7.600 livros que ele já leu desde os três anos de idade. A maioria dessas obras, ele leu apenas uma vez. Infelizmente, apesar de Kim ser continuamente estudado por cientistas do mundo inteiro, incluindo os da NASA, ninguém sabe ao certo como ele consegue executar essas proezas. Desse modo, assim como ninguém sabe como Kim consegue ler e memorizar tão facilmente, ninguém é capaz de ensinar essas habilidades a outras pessoas.

O design de nossos olhos e sistema nervoso define alguns limites físicos para a leitura dinâmica. Ao contrário do que você possa imaginar, nossos olhos não mexem suavemente sobre cada linha de palavras. Caso queira verificar essa propriedade de nossos olhos, preste atenção aos olhos de alguém que está lendo algum material. Durante a leitura, nossos olhos fazem pequenos saltos, ou "fixações". O número máximo de fixações físicas que o olho pode fazer é de 300 por minuto. Em leitores dinâmicos (eficientes), a distância entre cada fixação é de aproximadamente uma polegada. Isso significa que eles conseguem ver e registrar cerca de três palavras por fixação.

Essa é a principal razão pela qual especialistas (sérios) costumam estimar que a maior velocidade de leitura possível, com total compreensão e sem pular vocábulos, é de 900 palavras por minuto. Muitas vezes, para aumentar nossa familiaridade com o material a ser lido, fazemos uma pré-leitura chamada *Skimming*. Durante o *Skimming*, simplesmente corremos os olhos pelo texto em busca de os termos ou tópicos importantes. No entanto, ainda que você tenha excelentes habilidades em fazer esse tipo de leitura, ela nunca será capaz de substituir a leitura propriamente dita.

Assim, sugiro que você trate com certo ceticismo qualquer curso de leitura dinâmica que anuncia velocidades de leitura acima de mil palavras por minuto com total compreensão. Algumas pessoas lhe dirão que é realmente possível ler em velocidades entre 2.000 e 25.000 palavras por minuto. Elas tentarão lhe convencer utilizando algumas frases feitas como: "você desconhece o seu verdadeiro potencial", "para nosso cérebro, nada é impossível" ou "você está criando barreiras para seu desenvolvimento". Essas pessoas, provavelmente, estão tentando lhe vender algum sistema que "não é qualquer cientista que realmente entende". Assim, farão alguma proposta entre R$ 2.000 e R$ 15.000 para que você aprenda como esses fantásticos métodos funcionam. Eles realmente funcionam: para os vendedores e criadores deles, que recebem milhares de dólares anualmente pelos seus livros e cursos. No entanto, é engraçado que esses mesmos empresários não invistam nem um dólar em pesquisas científicas que possam abalizar seus métodos. Se você fizer uma pesquisa minuciosa em portais científicos como *Sciencedirect* ou *Scielo,* verá que não existe qualquer menção a essas técnicas maravilhosas de leitura.

Finalmente, segue a tabela com os resultados de um campeonato de leitura dinâmica, realizado em 2003 na Inglaterra:

Posição	**Nome**	**Palavras lidas por minuto (PLM)**	**Taxa de compreensão**	**Palavras compreendidas por minuto (PCM)**
1	Anne L. Jones	2.284	56,30%	1.285
2	Andrew Havery	1.108	56,30%	623
3	Henry Hopking	1.330	45,80%	610

Tabela 13.1.

Se esses sistemas de leitura acima de 20.000 palavras por minuto funcionam, por que nunca vemos resultados mais altos que esses nos campeonatos de leitura dinâmica?

MITOS SOBRE LEITURA DINÂMICA

- **Se eu ler mais rápido, minha compreensão vai diminuir.** Isso não é necessariamente verdade. Leitores muito lentos geralmente sobrecarregam a memória operacional, não sobrando espaço para o entendimento. Você pode aumentar sua velocidade de leitura sem pular palavras e ainda assim aumentar sua compreensão.
- **Preciso ler o livro inteiro.** Falso! Livros são uma maneira de capturar e transferir informações, conhecimento e ideias de um autor para o leitor. No entanto, muitas vezes nos interessamos apenas por alguns tópicos ou passagens abordados na obra. Além disso, a intenção do autor ao escrever o livro não é necessariamente a mesma que a sua para lê-lo. Tenha isso em mente e faça uma verdadeira caça ao tesouro, buscando apenas aquilo que realmente será compatível com seus objetivos. Se você não estiver encontrando alguma informação que valha seu precioso tempo, tenha coragem

de saltar parágrafos, capítulos ou até mesmo livros inteiros.

- **Já tenho uma boa velocidade de leitura. Não vejo motivo para melhorá-la.** Essa afirmação também é equivocada. Pesquisas mostram que os ganhos alcançados com o treinamento do globo ocular são permanentes. Ainda que você seja um bom leitor, sua velocidade de leitura certamente pode melhorar.

História da leitura dinâmica

Os primeiros cursos de leitura dinâmica surgiram no início do século XX, período em que houve uma verdadeira explosão editorial, no qual surgiam a cada dia mais e mais livros sobre diversos assuntos. A leitura tradicional, carregada de vícios como vocalização e subvocalização, não era mais adequada para a quantidade de material a ser lido. A maioria desses cursos pioneiros de leitura dinâmica surgiu de uma fonte completamente inesperada: a força aérea norte americana.

Naquela época, alguns técnicos táticos observaram que, durante o voo, um certo número de pilotos tinha dificuldades em distinguir os aviões aliados e inimigos, durante o combate. Essa inabilidade trazia tanta desvantagem para os Estados Unidos que psicólogos e pedagogos da Força Aérea Norte-Americana começaram a investigar possíveis soluções para esses problemas. Após bastante pesquisa, esses estudiosos desenvolveram uma máquina chamada taquitoscópio. O taquitoscópio é um equipamento bem simples, capaz de projetar diversas imagens em uma tela, uma após a outra, com intervalos de tempo bem definidos.

Para estudar a capacidade de identificação das aeronaves, os cientistas projetaram na tela diversas fotos de aeronaves aliadas e inimigas. Inicialmente, as imagens eram projetadas com intervalos de tempo bem grandes. No entanto, gradativamente, eles iam diminuindo o tamanho das imagens e o tempo de exposição. Após um tempo de treinamento, os estudiosos descobriram que qualquer indivíduo era capaz de identificar em no máximo 15 centésimos de segundo e com altíssima precisão até as mais minúsculas fotos de aeronaves inimigas e aliadas.

Essas descobertas sobre as possibilidades de percepção visual levaram os cientistas a criarem estudos análogos envolvendo a leitura. Usando o mesmo treinamento e equipamento, eles, inicialmente, projetaram na tela apenas uma palavra, que ficou exposta por cinco segundos. Após esses tempo, essa palavra foi substituída por uma outra um pouco menor, que foi exposta por um tempo ainda menor. Gradativamente, os cientistas foram aumentando o número de palavras e diminuindo seu tamanho e tempo de exposição. Os estudiosos descobriram que o ser humano era capaz de identificar até mesmo quatro palavras simultaneamente, em um tempo de exposição de apenas 15 centésimos de segundo.

Essa descoberta levou à criação de diversos cursos de leitura dinâmica. Como eles eram baseados no treinamento da Força Aérea, todos utilizavam o taquitoscópio em seu treinamento.

Esses cursos geralmente ofereciam ao aluno um gráfico onde eram anotados seus progressos. No eixo das ordenadas, encontrávamos uma escala de eficiência de leitura, graduada de 100 a 400 palavras por minuto. A maioria das pessoas, inicialmente com uma velocidade de 200 palavras por minuto, eram capazes de atingir até mesmo 400 palavras por minuto, com o treinamento adequado. Infelizmente, foi constatada uma grande insatisfação dos estudantes, semanas após o treinamento. Muitos daqueles que se submeteram a esse treinamento, em um curto espaço de tempo, voltaram a ter suas antigas velocidades de leitura.

Anos mais tarde, pesquisadores descobriram que o leitor mediano é capaz de ler de 200 a 400 palavras por minuto, sem qualquer esforço ou treinamento especial. Desse modo, foi constatado que o aumento verificado após esse treinamento não tinha nenhuma relação com o uso do taquitoscópio. Na verdade, esse aumento foi decorrente da motivação que os alunos tinham por estar participando de um treinamento de leitura.

Foi apenas no final dos anos 1950 que seria desenvolvido um método realmente prático de leitura dinâmica. Evelyn Wood, professora e pesquisadora, passou a investigar o motivo pelo qual algumas pessoas, naturalmente, liam bem mais rápido que as outras. Desse modo, ela passou a buscar técnicas que possibilitassem ler mais rápido. No entanto, os relatos dos leitores dinâmicos naturais não eram muito úteis: grande parte deles não sabia como era capaz de ler tão rápido.

Um dia, enquanto limpava alguns livros, ela percebeu que o movimento de suas mãos sobre o livro chamou a atenção de seus olhos, permitindo que eles percorressem com mais suavidade por toda a página. Assim, ela passou a utilizar uma das mãos como um guia para a leitura dinâmica. Estava criado o "Método Wood" de leitura. Evelyn também foi a responsável pela criação do termo *speed reading*, utilizado nos países de língua inglesa para se referirem à leitura dinâmica.

Como se lembrar de tudo aquilo que se lê

Muitos alunos me procuram em busca de algum método para memorizar tudo aquilo que se lê. Esses alunos alegam ter uma leitura tão ineficiente que, após alguns dias, se esquecem de tudo aquilo que foi lido.

Esquecer aquilo que foi lido alguns dias após a leitura é algo normal e não tem praticamente nada a ver com o processo de leitura. Veja como se lembrar de tudo aquilo que se lê:

A curva do esquecimento

A curva do esquecimento descreve o quanto somos capazes de reter de informações recém-adquiridas. Ela é baseada nas informações adquiridas após uma sessão de estudos de 1 hora de duração.

No primeiro dia, pouco antes de iniciar sua sessão de estudos, o estudante sabe algo próximo de 0% do assunto abordado (justificando o motivo pelo qual a curva inicia-se no ponto 0). Desse modo, ao final da leitura, ele saberá 100% do assunto ensinado (ao menos saberá o máximo que ele tem condições de aprender, dado o conhecimento prévio sobre o assunto). Assim, logo após a leitura, a curva chega a seu ponto máximo.

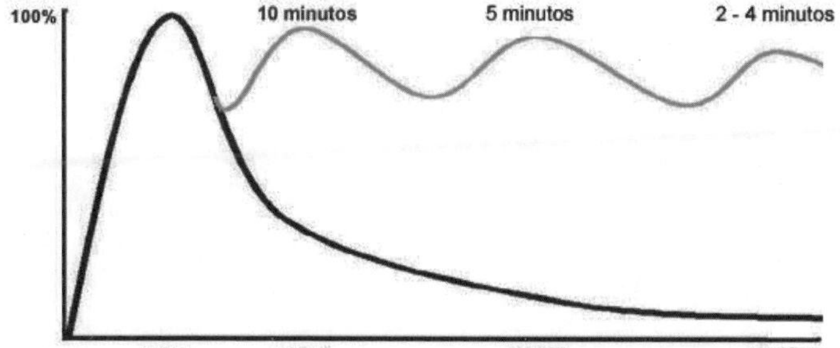

No segundo dia, se o estudante não tiver feito qualquer revisão do assunto (ler, pensar sobre ele, discutir sobre os tópicos aprendidos...) provavelmente se esquecerá de 50% a 80% daquilo que foi aprendido. Note que os estudantes se esquecem mais nas primeiras 24 horas após a aquisição do que ao longo de

30 dias. Perceba que ao final dos 30 dias, restarão apenas 2% a 3% de toda informação adquirida no primeiro dia. Assim, ao final dos 30 dias, você terá a impressão de que nunca ouviu falar do assunto estudado, precisando "aprender" tudo desde o início.

No entanto, é possível que os estudantes mudem a forma da curva do esquecimento. Nossos cérebros constantemente gravam informações de maneira temporária: conversas no corredor da faculdade, a roupa que você estava usando no dia anterior, o nome de amigos apresentados em uma reunião, a música que acabou de tocar no rádio... No entanto, se você não criar códigos de memória importantes, toda essa informação será descartada. A cada revisão, você cria novos códigos de memória, fixando a informação cada vez mais.

Uma fórmula interessante de revisão seria a seguinte: para cada hora de leitura, faça uma revisão de 10 minutos. Observe que a mesma deve ser feita nas primeiras 24 horas após a aquisição – período em que ocorre maior parte do esquecimento. Essa revisão será o suficiente para "segurar" em sua memória toda a informação aprendida em sala de aula. Uma semana depois (dia 7), para cada hora de aula expositiva, você precisará de apenas 5 minutos para "reativar" o mesmo material, elevando a curva para 100% mais uma vez. Ao final de 30 dias, você precisará de apenas 2-4 minutos para obter novamente os 100% da curva de aprendizagem.

O REGULADOR DE LEITURA

"Uma boa leitura dispensa com vantagem a companhia de pessoas frívolas."
Cimar Correa

APRENDA A TÉCNICA DO REGULADOR DE LEITURA

A técnica mais importante em um treinamento de leitura dinâmica é o uso do regulador de leitura. Em contrapartida, pouquíssimos cursos de leitura dinâmica do país ensinam essa técnica. O motivo de não ensinarem eu realmente desconheço, visto que a técnica do regulador não é apenas eficiente, mas também fácil de usar; você só precisará usar seu dedo, caneta ou lápis. Ainda que a parafernália (taquitoscópio e outros equipamentos) utilizada por alguns cursos de leitura dinâmica possa realmente aumentar sua velocidade de leitura, a falta de praticidade que o uso desses equipamentos acarreta acaba desanimando o treinamento. Entendo que o treinamento de leitura dinâmica precisa ser como uma dieta balanceada; é preciso que ele seja incorporado no dia a dia, sem sacrifícios.

O uso do regulador foi descoberto por Evelyn Wood, pioneira nos estudos sobre leitura dinâmica. Em um dia como outro qualquer, Evelyn decidiu limpar alguns de seus livros empoeirados do porão. Enquanto limpava cada página, inconscientemente, Evelyn começou a acompanhar com seus olhos o movimento de suas mãos. Para sua surpresa, ao limpar cada página, ela estava sendo capaz de, simultaneamente, ler cada uma delas a velocidades incríveis. Estava nascido o método Wood de leitura dinâmica.

Veja algumas vantagens do uso do regulador de leitura:

- o regulador de leitura ajuda o leitor a manter um ritmo mais acelerado durante o estudo de qualquer tipo de material escrito;
- o uso do regulador de leitura também promove um aumento da concentração. Observe que, se você não estiver concentrado durante a leitura, acabará percorrendo um trajeto bastante irregular com seu regulador de leitura. Assim, ainda que você distraia, rapidamente perceberá sua desatenção e forçará novamente o foco na leitura;
- o regulador previne o retrocesso durante a leitura, seja ele involuntário ou voluntário, favorecendo a compreensão do texto.

Veja os estágios para a aplicação e treinamento de leitura utilizando o regulador de leitura nos próximos itens.

Estágio 1: se acostume com o regulador

Utilize seu dedo, lápis ou caneta (com tampa) para percorrer a região logo abaixo da linha que você está lendo. Se você estiver lendo no computador, use o mouse. O seu dedo, lápis, caneta ou mouse será seu regulador de leitura. Quando você terminar uma linha, mova o regulador para a região logo abaixo à próxima linha e repita o processo até o final da sua leitura. Mantenha seus olhos acima do regulador, mas nunca olhe diretamente para ele. Sua atenção deve estar voltada para a visualização das palavras e não do regulador.

Em 1843, um estudioso francês chamado Laclair, descobriu que as letras de origem fenícia, como as de nosso alfabeto, eram identificáveis apenas pela parte superior.

Veja alguns exemplos:

Com base nessas informações, observe que é importante que você não fixe sua atenção a nenhuma palavra em especial. Para utilizar o máximo do potencial de seus olhos, utilize o princípio descoberto por Laclair, fixando seu olhar levemente acima das palavras a serem lidas, lendo o máximo de palavras em cada fixação ocular.

Ao contrário do que as pessoas imaginam, a leitura não é efetuada em um ritmo constante. Assim, é importante que você diminua o ritmo de seu regulador caso você encontre algum trecho um pouco mais complexo. O leitor dinâmico, assim como um maratonista, precisa utilizar o ritmo adequado de acordo com os desafios que forem surgindo. O importante é não parar e manter sempre um ritmo – ainda que esse ritmo se altere ao longo da leitura.

A partir de hoje, tente utilizar o regulador para todo o tipo de leitura que você fizer. Ao dizer "todo o tipo de leitura", estou incluindo a leitura deste livro! Comece a utilizar o regulador agora mesmo. Se você não tiver o hábito de ler diariamente, é importante que, durante esse estágio de adaptação ao uso do regulador de leitura, você o utilize ao menos 15 minutos por dia. Lembra-se das metas diárias de leitura? Defina uma meta de leitura adequada para utilizar o regulador ao menos 15 minutos por dia.

Nesse estágio de adaptação, se ao utilizar o regulador você sentir alguma perda sensível na compreensão do texto lido, pare de usá-lo por alguns instantes. Após a compreensão do trecho que originou suas dúvidas, retome ao uso do regulador. O uso do regulador demanda uma maior concentração do leitor. Assim, é comum que no início ele diminua um pouco sua compreensão durante a leitura.

Ainda que esteja no primeiro estágio para o uso do regulador, você provavelmente já perceberá um aumento da sua velocidade de leitura. Esse aumento pode não ser drástico, mas certamente já faz o exercício valer a pena. O aumento acontece porque esse exercício elimina o hábito do retrocesso, seja ele consciente ou inconsciente.

Adultos talvez sintam vergonha de utilizar algum regulador de leitura em ambientes públicos, receosos de que possam achar que você está aprendendo a ler. No entanto, tenho certeza de que se você explicar que se trata de um método revolucionário de leitura, eles não apenas acharão interessante, como também lhe pedirão para saber mais sobre o assunto. Nesses casos, a única dica que dou é a seguinte: não empreste o livro! Eles ficarão tão interessados no assunto que provavelmente não o devolverão tão cedo!

Estágio 2: diminua o trajeto do regulador

Agora que você já se adaptou ao uso do regulador, o próximo passo é diminuir o trajeto percorrido por ele ao longo de cada linha. Como você deve ter percebido, os olhos são bem mais rápidos que seu regulador. Assim, para acelerar a sua leitura, é importante que você diminua o trajeto percorrido pelo regulador de leitura. Inicie o trajeto alguns centímetros após o início da linha e termine-o antes que a linha termine.

Inicialmente, diminua o trajeto para dois terços da página. Com o aumento da sua velocidade de leitura, o trajeto diminuirá gradativamente, até alcançar apenas a metade da linha a ser lida. Mais uma vez, será necessário que você utilize o regulador ao menos 15 minutos por dia, por pelo menos mais três ou quatro dias.

Neste momento, sua velocidade de leitura já terá alcançado um nível formidável de velocidade e compreensão. No entanto, nesse estágio, a velocidade ainda não é nosso objetivo. Desse modo, não exagere! É importante que você continue lendo todo o material, sem saltar linhas e mantendo o nível de compreensão no máximo possível. A velocidade de leitura alcançará níveis extraordinários a partir do próximo estágio.

Estágio 3: exercícios de velocidade

Agora é a hora! Chegou o momento de começarmos a aumentar a velocidade do seu regulador de leitura. Logo abaixo, você encontrará alguns exercícios para aumento da velocidade do regulador. Esses exercícios estão divididos em três níveis: básico, intermediário e avançado. Mais uma vez solicitarei que você crie metas bem definidas para a leitura. Será preciso que você faça cada um desses exercícios ao menos 15 minutos por dia, dispensando uma semana para os exercícios básicos, outra semana para os exercícios intermediários e uma semana para os exercícios avançados de velocidade de leitura. Se você quiser melhorar ainda mais a sua velocidade de leitura, não há problema em fazer os exercícios mais vezes por dia. No entanto, nesses casos, o ideal é que você dê o máximo de intervalos entre cada sessão de treinamento (15 minutos). Por exemplo, se quiser fazer duas sessões de treinamento por dia, é preferível que faça uma pela manhã e outra pela noite.

Nesse momento de seu treinamento de leitura, é importante que você faça uma distinção bem clara entre os exercícios de leitura (uso do regulador nos dois estágios iniciais) e os exercícios de velocidade. Não utilize livros que você realmente precisa compreender bem para os exercícios de velocidade. Para esses exercícios, escolha um livro que tenha as páginas bem semelhantes (com o mínimo de figuras ou diagramas) e conteúdo razoavelmente simples. Esse será o seu livro de treinamento de velocidade.

Ao contrário dos dois estágios anteriores, durante o treinamento de velocidade, você terá que focar sua atenção na velocidade, deixando a compreensão para segundo plano. Esse é o motivo pelo qual você precisará nomear um livro especialmente para esses exercícios. Eles aumentarão gradativamente sua velocidade de leitura cotidiana.

Veja a seguir os exercícios de velocidade a serem feitos nas próximas semanas:

- **Exercício de velocidade, nível básico 1 (15 m.)**: para realizar esse exercício, é importante que você escolha um trecho do seu livro de exercícios de velocidade que você ainda não tenha lido. Marque o ponto em que você vai iniciar sua leitura e comece a ler com sua velocidade usual. Utilize um despertador para marcar dez minutos. Esse será o tempo que você terá para ler com sua velocidade usual de leitura. Não tente aumentar sua velocidade nessa primeira leitura. Após os 10 minutos, marque o ponto do livro em que você chegou. Agora, volte ao ponto onde você começou a ler e releia o que você acabou de ler. No entanto, dessa vez, tente ler o mesmo trecho em apenas 5 minutos. Utilize o regulador para garantir que você não salte linhas, lendo todas as palavras de todas as linhas, mas bem mais rápido. Tente manter o regulador de leitura em um ritmo constante. Se você não conseguir alcançar o ponto de chegada antes de terminarem os cinco minutos, tente fazer essa segunda leitura um pouco mais rápido do que da primeira vez. Após a segunda leitura, anote o número de palavras lidas por minuto. É importante que, na primeira semana de treinamento, você faça esse exercício ao menos uma vez por dia. No entanto, conforme dito anteriormente, não existe problema em fazer mais de uma sessão todos os dias, contanto que você respeite o intervalo entre cada uma delas.

- **Exercício de velocidade, nível básico 2 (20 min)**: esse exercício é basicamente o mesmo que o anterior, com alguns extras. Conforme o exercício anterior, faça uma primeira leitura de dez minutos. Ao final dessa leitura, anote em seu caderno algumas palavras-chave que definam o texto que acabou de ler. Dispense cerca de um ou dois minutos anotando essas palavras. Em seguida, faça a releitura rápida de cinco minutos. Após essa releitura, dispense mais um minuto acrescentando mais palavras à lista escrita anteriormente em seu caderno.
- **Exercício de velocidade, nível intermediário 1 (17 min)**: esse exercício é similar ao exercício do nível básico 1. No entanto, em vez de fazer a releitura em cinco minutos, releia em dois minutos. Mais uma vez, é importante ler todas as linhas, com um ritmo constante de leitura. Nesse exercício, sinta-se à vontade em utilizar algumas das estratégias de ajuste para o regulador que iremos descrever logo a seguir, no **Estágio 4**.
- **Exercício de velocidade, nível intermediário 2 (20 min)**: é basicamente o mesmo exercício que o nível intermediário 1. No entanto, você acrescentará a cada leitura (dez minutos, cinco minutos e dois minutos) uma sessão de revisão, em que você anotará palavras-chave que definam o trecho lido.
- **Exercício de velocidade, nível avançado 1 (25 min)**: marque um ponto inicial e comece a ler o trecho com seu ritmo normal de leitura. Após cinco minutos, pare e anote o ponto de chegada. Conte o número de páginas lidas e multiplique por três: este será seu ponto de chegada durante a releitura do mesmo trecho. Se você tiver lido duas páginas, seu objetivo será ler seis páginas, contadas a partir do ponto inicial de leitura previamente marcado em seu livro. Nessa primeira releitura, seu objetivo será alcançar o novo ponto de chegada em apenas 12 minutos. Para isso, você provavelmente

precisará aumentar um pouco sua velocidade. Ao terminar, anote em um caderno as palavras-chave que definam o assunto que você acabou de ler. Em seguida, releia as mesmas páginas em apenas seis minutos. Ao final, acrescente mais palavras-chave às suas anotações.

- **Exercício de velocidade, nível avançado 2 (40 min)**: faça o exercício anterior com as seguintes diferenças: após a primeira leitura, multiplique o número de páginas lidas por cinco, em vez de multiplicar por três. Em seguida, você terá 20 minutos para a primeira releitura e dez minutos para a segunda releitura.

Estágio 4: escolhendo um ajuste para o regulador de leitura

Conforme sua velocidade de leitura for aumentando, você talvez sinta dificuldade em ajustar a velocidade do regulador com a velocidade dos seus olhos. Nesse estágio, você deve escolher um ajuste de velocidade para seu regulador de leitura. Desse modo, em vez de seguir um trajeto que percorre a região logo abaixo da linha que você está lendo, você pode escolher um trajeto que se inicie na metade da primeira linha, indo em linha reta, no sentido vertical, para a última linha. Caso prefira, você também pode escolher um trajeto em forma de um S ou até mesmo de um sinal de interrogação. Veja nas páginas seguintes alguns ajustes entre os quais você poderá escolher. No entanto, se preferir, escolha seu próprio ajuste! Não existe ajuste melhor ou pior que os outros. Assim, o melhor a fazer é escolher um que se ajuste melhor a você. Faça alguns dos exercícios de velocidade previamente descritos associadas a alguns desses ajustes para definir aquele que tornará sua leitura ainda mais rápida, porém bastante confortável.

Anteriormente, você utilizava o regulador para manter-se focado em cada linha. Agora, você utilizará o ajuste para manter-se focado na página inteira. No entanto, ainda que você utilize alguns desses ajustes, é importante que você não salte linhas ou palavras. O ajuste é apenas um atalho que o regulador utilizará para conseguir acompanhar aos seus olhos. Para obter o máximo de compreensão, é importante que você leia todas as linhas. Com o passar do tempo, você passará a definir ajustes específicos para cada tipo de material que você lerá. Você pode usar aquele primeiro ajuste para o regulador, em que ele percorre a região logo abaixo de cada linha, para assuntos mais complexos. No entanto, você poderá usar o ajuste em forma de "S" para ler romances ou textos mais fáceis.

Diagramas

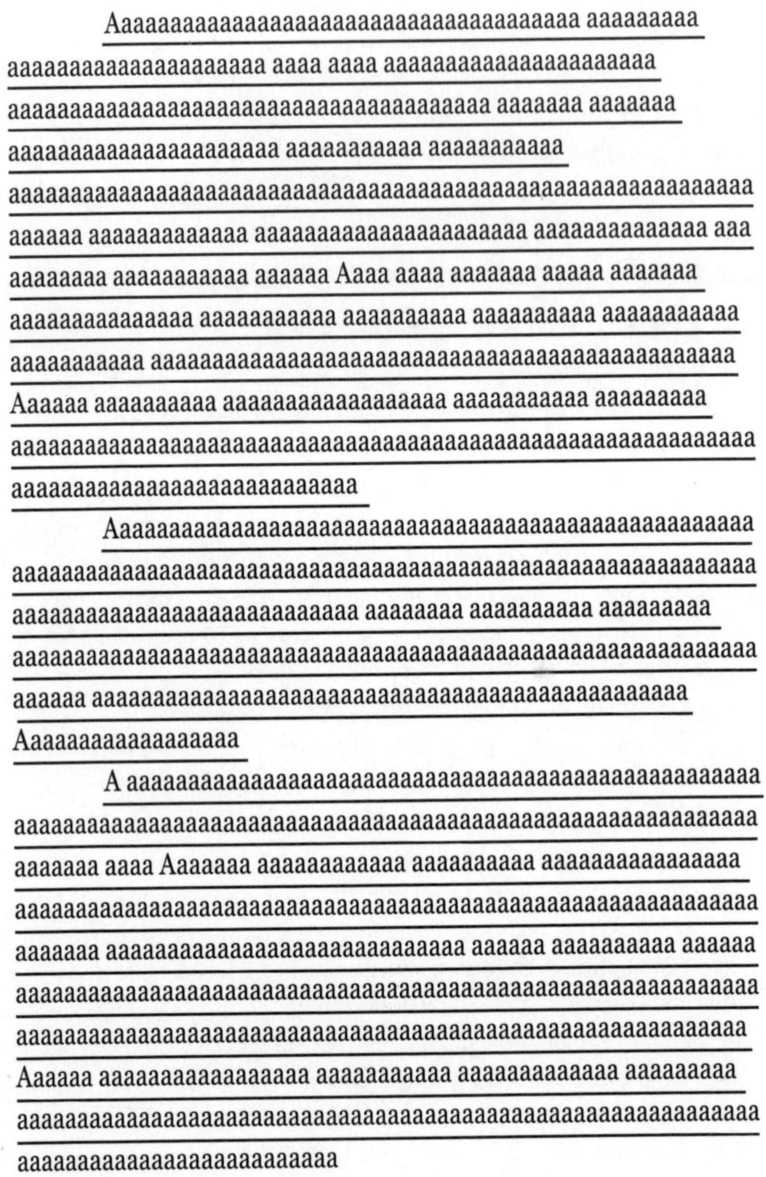

(Trajeto realizado pelo regulador no primeiro estágio.)

Aaaaaaaaaaaaaaaaaaaaaaaaaaaaaaaaaaaaa aaaaaaaaa aaaaaaaaaaaaaaaaaaaaa aaaa aaaa aaaaaaaaaaaaaaaaaaaaaa aaaaaaaaaaaaaaaaaaaaaaaaaaaaaaaaaaaaaaa aaaaaaa aaaaaaa aaaaaaaaaaaaaaaaaaaaaa aaaaaaaaaaa aaaaaaaaaaa aaaaaaaaaaaaaaaaaaaaaaaaaaaaaaaaaaaaaaaaaaaaaaaaaaaaaaaaaaaa aaaaaa aaaaaaaaaaaaa aaaaaaaaaaaaaaaaaaaaaa aaaaaaaaaaaaaa aaa aaaaaaaa aaaaaaaaaaa aaaaaa Aaaa aaaa aaaaaaa aaaaa aaaaaaa aaaaaaaaaaaaaaa aaaaaaaaaaa aaaaaaaaaa aaaaaaaaaa aaaaaaaaaaa aaaaaaaaaaa aaaaaaaaaaaaaaaaaaaaaaaaaaaaaaaaaaaaaaaaaaaaaaa Aaaaaa aaaaaaaaaa aaaaaaaaaaaaaaaaa aaaaaaaaaaa aaaaaaaaa aaaaaaaaaaaaaaaaaaaaaaaaaaaaaaaaaaaaaaaaaaaaaaaaaaaaaaaaaaaa aaaaaaaaaaaaaaaaaaaaaaaaaaaa

Aaaaaaaaaaaaaaaaaaaaaaaaaaaaaaaaaaaaaaaaaaaaaaaaaaaa aaaaaaaaaaaaaaaaaaaaaaaaaaaaaaaaaaaaaaaaaaaaaaaaaaaaaaaaaaaa aaaaaaaaaaaaaaaaaaaaaaaaaaaa aaaaaaaa aaaaaaaaaa aaaaaaaaa aaaaaaaaaaaaaaaaaaaaaaaaaaaaaaaaaaaaaaaaaaaaaaaaaaaaaaaaaaaa aaaaaa aaaaaaaaaaaaaaaaaaaaaaaaaaaaaaaaaaaaaaaaaaaaaaaa Aaaaaaaaaaaaaaaaa

A aaaaaaaaaaaaaaaaaaaaaaaaaaaaaaaaaaaaaaaaaaaaaaaaaaa aaaaaaaaaaaaaaaaaaaaaaaaaaaaaaaaaaaaaaaaaaaaaaaaaaaaaaaaaaaa aaaaaaa aaaa Aaaaaaa aaaaaaaaaaaa aaaaaaaaaa aaaaaaaaaaaaaaaa aaaaaaaaaaaaaaaaaaaaaaaaaaaaaaaaaaaaaaaaaaaaaaaaaaaaaaaaaaaa aaaaaaa aaaaaaaaaaaaaaaaaaaaaaaaaaaaa aaaaaa aaaaaaaaaa aaaaaa aaaaaaaaaaaaaaaaaaaaaaaaaaaaaaaaaaaaaaaaaaaaaaaaaaaaaaaaaaaa aaaaaaaaaaaaaaaaaaaaaaaaaaaaaaaaaaaaaaaaaaaaaaaaaaaaaaaaaaa Aaaaaa aaaaaaaaaaaaaaaaa aaaaaaaaaaa aaaaaaaaaaaaa aaaaaaaaa aaaaaaaaaaaaaaaaaaaaaaaaaaaaaaaaaaaaaaaaaaaaaaaaaaaaaaaaaaaa aaaaaaaaaaaaaaaaaaaaaaaaaa

(Trajeto realizado pelo regulador no segundo estágio.)

Aaaaaaaaaaaaaaaaaaaaaaaaaaaaaaaaaaaaaa aaaaaaaa
aaaaaaaaaaaaaaaaaaaaa aaaa aaaa aaaaaaaaaaaaaaaaaaaaaa aaaaaaaaaaaaaaaaaaaaaaaaaaaaaaaaaaaaaa aaaaaaa aaaaaaa aaaaaaaaaaaaaaaaaaaaaa aaaaaaaaaaa aaaaaaaaaaa aaaaaaaaaaaaaaaaaaaaaaaaaaaaaaaaaaaaaaaaaaaaaaaaaaaaaaa aaaaaa aaaaaaaaaaaaa aaaaaaaaaaaaaaaaaaaaaa aaaaaaaaaaaaaa aaa aaaaaaaa aaaaaaaaaaa aaaaaa Aaaa aaaa aaaaaaa aaaaa aaaaaaa aaaaaaaaaaaaaaa aaaaaaaaaaa aaaaaaaaaa aaaaaaaaaa aaaaaaaaaaa aaaaaaaaaaa aaaaaaaaaaaaaaaaaaaaaaaaaaaaaaaaaaaaaaaaaaaaaa Aaaaaa aaaaaaaaaa aaaaaaaaaaaaaaaaaa aaaaaaaaaaa aaaaaaaaa aaaaaaaaaaaaaaaaaaaaaaaaaaaaaaaaaaaaaaaaaaaaaaaaaaaaaaaaaa aaaaaaaaaaaaaaaaaaaaaaaaaaaaa

Aaaaaaaaaaaaaaaaaaaaaaaaaaaaaaaaaaaaaaaaaaaaaaaaaaaaaaaaaaaaaaaaaaaaaaaaaaaaaaaaaaaaaaaaaaaaaaaaaaaaaaaaaaaaaaaaaaaaa aaaaaaaaaaaaaaaaaaaaaaaaaaaaa aaaaaaaa aaaaaaaaaa aaaaaaaaa aaaaaaaaaaaaaaaaaaaaaaaaaaaaaaaaaaaaaaaaaaaaaaaaaaaaaaaaaaaaaa aaaaaa aaaaaaaaaaaaaaaaaaaaaaaaaaaaaaaaaaaaaaaaaaaaaaaaa Aaaaaaaaaaaaaaaaaa

A aaaaaaaaaaaaaaaaaaaaaaaaaaaaaaaaaaaaaaaaaaaaaaaaaaaa aaaaaaaaaaaaaaaaaaaaaaaaaaaaaaaaaaaaaaaaaaaaaaaaaaaaaaaaaaa aaaaaaa aaaa Aaaaaaa aaaaaaaaaaaa aaaaaaaaaa aaaaaaaaaaaaaaa aaaaaaaaaaaaaaaaaaaaaaaaaaaaaaaaaaaaaaaaaaaaaaaaaaaaaaaaaaaaa aaaaaaa aaaaaaaaaaaaaaaaaaaaaaaaaaaaa aaaaaa aaaaaaaaaa aaaaaa aaaaaaaaaaaaaaaaaaaaaaaaaaaaaaaaaaaaaaaaaaaaaaaaaaaaaaaaaaa aaaaaaaaaaaaaaaaaaaaaaaaaaaaaaaaaaaaaaaaaaaaaaaaaaaaaaaaaa Aaaaaa aaaaaaaaaaaaaaaaaa aaaaaaaaaaa aaaaaaaaaaaaa aaaaaaaaa aaaaaaaaaaaaaaaaaaaaaaaaaaaaaaaaaaaaaaaaaaaaaaaaaaaaaaaaaaa aaaaaaaaaaaaaaaaaaaaaaaaaa

(Trajeto realizado pelo regulador no terceiro estágio.)

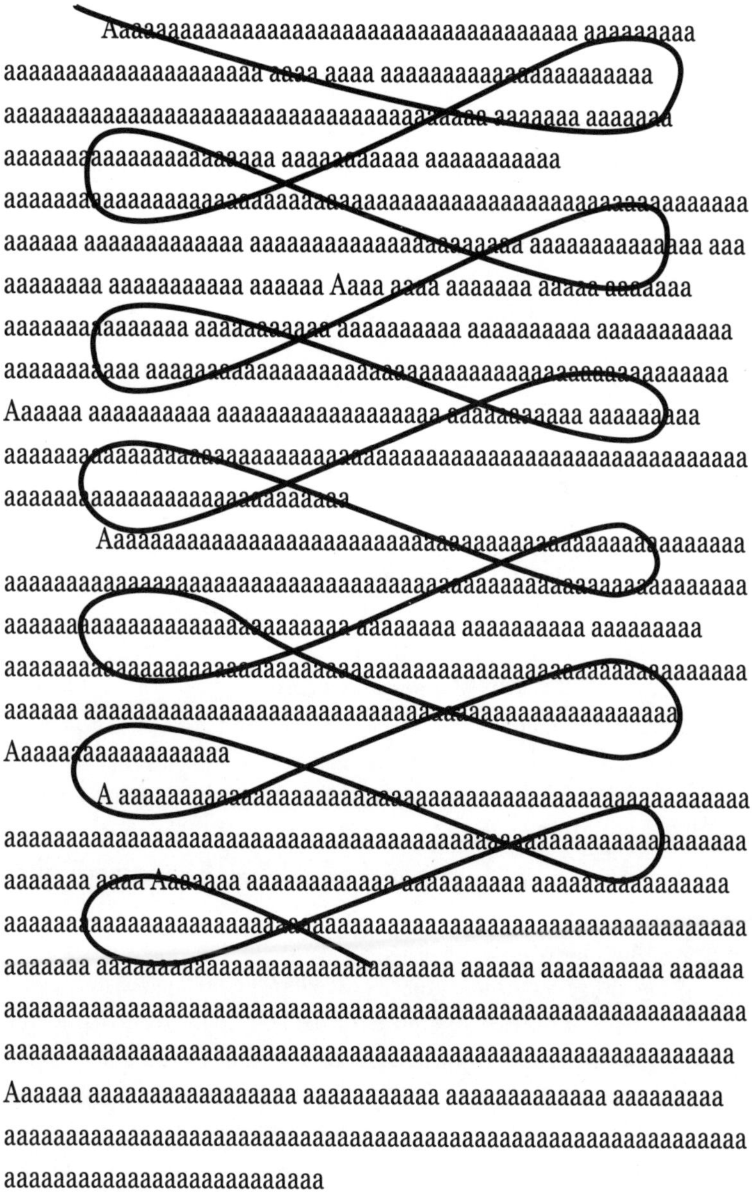

(Trajeto realizado pelo regulador no quarto estágio.)

Metrônomo como regulador de leitura

Imagine que você está dirigindo em uma estrada a 100 km por hora. De repente, sua(eu) namorada(o) tampa o velocímetro do carro e lhe pede para desacelerar até que o carro atinja apenas 20 km por hora. A que velocidade você acha que pararia de desacelerar? Qual seria a velocidade que você julgaria como 20 km/h?

A maioria das pessoas que realizou essa experiência parou a desaceleração quando o carro estava entre 40 e 60 km/h! O motivo para essa variação é o fato de o cérebro se habituar a um parâmetro a ele apresentado e começar a utilizá-lo para comparar com todas as próximas experiências.

Um metrônomo é um instrumento que serve para regular os diversos andamentos da música, constituído por um pêndulo que oscila por meio de um motor de rotação horária, em que cada oscilação corresponde a um tempo do compasso musical. Há também metrônomos eletrônicos, em que cada tempo do compasso é indicado pelo piscar de um LED (*Light-Emitting Diode*) e por um som eletrônico. Ele é muito utilizado por músicos em seus ensaios.

Utilizaremos o metrônomo e o relativismo natural do cérebro para aprimorar a velocidade de leitura. Para isso, vamos usar cada batida do metrônomo como o guia para a fixação visual durante a leitura. Desta forma, um regular, estável e suave ritmo de leitura pode ser estabelecido e mantido, e a costumeira desaceleração na leitura pode ser evitada. Uma vez estabelecida a leitura possível de leitura, o ritmo do metrônomo pode aumentar em uma batida por minuto e aumentar a sua velocidade de leitura. A cada minuto, seu cérebro vai se acostumando ao novo parâmetro de velocidade e você acaba se acostumando a ler de maneira bem mais rápida.

Uma segunda maneira de utilizar o metrônomo em seus treinamentos de leitura é o uso do relativismo natural do cérebro. Para utilizarmos esse relativismo, você colocará o metrônomo em uma velocidade extremamente alta, de forma que você não consiga compreender o texto. Ainda que não consiga compreendê-lo ao ler nessa velocidade, tente se acostumar com esse padrão e continue fazendo as fixações no ritmo dado pelo metrônomo. Em seguida, você reduz a velocidade até um ritmo que consiga compreender. O simples fato de você ter feito diversas fixações visuais em um ritmo mais intenso foi o suficiente para o seu cérebro criar um novo padrão. Assim, ao desacelerar, você se acostumou a uma nova velocidade, que provavelmente é ao menos o dobro da sua velocidade usual de leitura.

Os ganhos obtidos pelo uso do regulador de leitura ou o metrônomo são os mesmos. É importante destacar que cada um deles tem suas vantagens específicas. O regulador de leitura não é capaz de utilizar o relativismo do cérebro para a aquisição de velocidades mais altas de leitura, mas é mais prático e pode ser utilizado em qualquer lugar. Em contrapartida, o metrônomo usa o relativismo do cérebro para aumentar a sua velocidade de leitura, mas é bem menos prático. Assim, os dois possuem suas vantagens e desvantagens: cabe a você decidir qual o melhor contexto para utilizá-los.

Considerações finais

O uso do regulador de leitura e do metrônomo, associado aos exercícios de velocidade por um período de quatro semanas, aumentará sua fluência de maneira inacreditável, levando sua leitura a uma maior velocidade e compreensão como nunca antes vista. Após o primeiro mês de treinamento, agende alguns exercícios de velocidade ao longo de cada mês. Esses exercícios irão preservar os ganhos de sua leitura em velocidade e compreensão. Até mesmo leitores mais experientes sentem o quanto a prática, ainda que casual, desses exercícios pode acrescentar.

Uma pergunta que você deve ter é a seguinte: "Algum dia eu pararei de usar o regulador de leitura?". A resposta é simples: depende apenas de você. Algumas pessoas, após os treinamentos, continuam a utilizar o regulador para todas as suas atividades de leitura. Em contrapartida, outras pessoas, após o treinamento, sentem que podem ler a velocidades muito altas sem utilizá-lo. Particularmente, não gosto de usar o regulador para a leitura de algum material que eu leia por prazer, como romances ou poesias. No entanto, independente da sua escolha, é importante que você sempre use o regulador quando sentir alguma queda em sua velocidade de leitura ou compreensão.

CONSIDERAÇÕES FINAIS

"A criatividade de uma nação está ligada à capacidade de pensar e teorizar, o que requer uma boa educação e, daí, partir para o inventar e, depois, ir até as últimas consequências no fazer."
Cláudio de Moura Castro

De nada valem os ensinamentos deste livro se você não mudar seus hábitos. Às vezes, vejo alguns alunos de grande potencial desistirem devido a pequenas coisas. Apenas saber os métodos não basta. Existe muita diferença entre saber o que deve ser feito e realmente fazê-lo. Já vi muitos empresários deixarem de ganhar milhões por falta de iniciativa. O dia de começar? Hoje.

A melhor forma de treinar os exercícios propostos neste livro é torná-los parte do seu cotidiano. Treine sua criatividade! Monte equipes de *brainstorming*! Não tenha medo de ouvir algum "não".

Para manter sua criatividade, supermemória e capacidade de leitura cada vez melhores, criei um site totalmente gratuito, http://www.supermemoria.com.br, onde você poderá não apenas tirar suas dúvidas sobre o livro – creio que não exista qualquer livro sobre criatividade e *brainstorming* com suporte técnico –, fazer download de programas gratuitos de memorização e leitura dinâmica, ver meus videos (Faustão, Fantástico, Caldeirão do Huck, Sem censura, Adriane Galisteu...) e deixar comentários ou sugestões.

Lembre-se também de usar bem o seu tempo. Benjamin Franklin costumava dizer: "Amas a vida? Então não desperdices o tempo, pois essa é a matéria de que a vida é feita". Use bem o seu tempo ocioso. Se você está no ponto de ônibus, por que não fazer um pequeno exercício de *brainstorming*? Se você está esperando o seu dentista, por que não inventar novas utilidades para um cabide ou uma tábua de passar roupas? Cuide bem do seu tempo e estará prolongando a sua vida.

Para finalizar, faço uma pergunta: se o mundo acabasse amanhã, o que você faria hoje? Mudar o seu estilo de vida perante o apocalipse é o primeiro sintoma de que sua vida é infeliz. Não espere o momento certo para começar a mudar: a hora é agora. Veja, a seguir, um texto que exemplifica muito bem isso.

A GALINHA

Numa granja, uma galinha destacava-se entre todas as outras por sua coragem, espírito de aventura e ousadia. Não tinha limites e andava por onde queria.

O dono, porém, não apreciava estas qualidades e estava aborrecido com ela. Suas atitudes estavam contagiando as outras, que achavam bonito esse modo de ser e já a estavam copiando.

Um dia, o dono fincou um bambu no meio do campo, arrumou um barbante de aproximadamente 2 metros e amarrou a galinha a ele. Desse modo, de repente, o mundo tão amplo que a ave tinha foi reduzido a exatamente onde o barbante lhe permitia chegar. Ali, ciscando, comendo, dormindo, estabeleceu sua vida. Dia após dia acontecia o mesmo. De tanto andar nesse círculo, a grama que era verde foi desaparecendo e ficou somente terra. Era interessante ver delineado um círculo perfeito em volta dela. Do lado de fora, onde a galinha não podia chegar, a grama verde, do lado de dentro só terra.

Depois de um tempo o dono se compadeceu da ave, pois ela que era tão inquieta e audaciosa, havia se tornado uma pacata figura. Então cortou o barbante que a prendia pelo pé e a deixou solta.

Agora estava livre, o horizonte seria o limite, poderia ir aonde quisesse. Mas, estranhamente, a galinha, mesmo solta, não ultrapassava o limite que ela própria havia feito. Só ciscava e andava dentro do círculo, seu limite imaginário. Olhava para o lado de fora, mas não tinha coragem suficiente para se "aventurar" a ir até lá. Preferiu ficar do lado conhecido. Com o passar do tempo, envelheceu e ali morreu.

Quem sabe esta história traz à memória a vida de algum conhecido. Nasce livre, tendo somente seus desejos como limite, mas as pressões do dia a dia fazem com que aos poucos seus pés fiquem presos a um chão que se torna habitual pela rotina. Olha para além do limite, que ele mesmo cria, com grande desejo e alimentando fantasias a respeito do que lá possa haver. Mas não tem a coragem para sair e enfrentar o que é desconhecido. Diz: "Sempre se fez assim, para que mudar? Ou meu avô, meu pai sempre fizeram assim, como eu iria mudar agora?".

Há pessoas que enfrentam crises violentas em suas vidas, sem a coragem de ir à frente e tentar algo novo que seja capaz de tirá-las daquela situação. Admiram quem tem a ousadia de recomeçar, porém, eles próprios, queixando-se e lamentando-se, buscam algum culpado e vão ficando no lugar, dentro do limite que só existe na sua imaginação.

As características do mercado sempre foram coroar com o reconhecimento aqueles que inovam, criam ou provocam situações que chamem a atenção. O segredo do sucesso está na criatividade. Criar significa pôr em prática alguma coisa que não existe. Arriscar significa correr o risco de perdas. Isto é fato, mas como se poderá saber o final da história se não se caminhar até o fim?

(autor desconhecido)

BIBLIOGRAFIA

ALEXANDER, C., ISHIKAWA, S., & SILVERSTEIN, M. *Thinker Toys*. Berkeley: Ten Speed Press, 1991.

ALVAREZ, Ana. *Deu Branco*. Record, 2005.

ANDERSEN, H. R. *The idea of the Diamond Idea Group*. Chicago: Mitsubishi Heavy Insdustries America, 1991.

BARBOSA, Taine Thiers de Andrade. *A memorização ao alcance de todos*. Porto Alegre: Editor Autor, 1981.

BATE, J. Douglas e, JOHNSTON, Robert. E. Jr. *The power of strategy inovation*. New York: AMACOM, 2003.

BRICEÑO, E. D. "La creatividad como un valor dentro del proceso educativo". In: *Psicologia Escolar e Educacional*. Vol. 2, nº 1, 1998. p. 43-51.

BROTHERS, Joyce D. e EAGAN, Edward P. F. *Como Desenvolver a Memória*. Rio de Janeiro: Record, 1996.

BUZAN, Tony. *Head First*. London: Thorsons, 2002.

________. *Head Strong*. London: Thorsons, 2002.

________. *How to mind map*. London: Thorsons, 2002.

________. *Make the Most of Your Mind*. London: Pan, 1988.

________. *Master Your Memory*. Newton Abbot: David & Charles, 1988.

________. *Memory Visions*. Newton Abbot: David & Charles, 1989.

________. *The Brain User's Guide*. London: E.P. Dutton, 1983.

________. *Use Your Memory*. London: BBC Books, 1989.

CAMPAYO, Ramon. *Desarrolla una Mente Prodigiosa*. Madrid: Editorial Edaf S/A, 2004.

COSTA, Eduardo. *Giordano Bruno e a Arte da Memória*. Porto Alegre: Editor autor, 2007.

DE BONO, Edward. *Lateral Thinking for Management*. New York: American Management Association, 1972.

DELL'ISOLA, Alberto. *Super-memória: você também pode ter uma*. São Paulo: Digerati Books, 2008.

________. *Super-memória para concursos*. São Paulo: Digerati Books, 2008.

________. *Técnicas profissionais de memorização*. São Paulo: Digerati Books, 2009.

________. *Treinamento prático em leitura dinâmica*. São Paulo: Digerati Books, 2008.

EPSTEIN, Robert. "Skinner, creativity, and the problem of spontaneous behavior". *In*: *Psychological Science* Vol. 2, nº 6. American Psychological Society, novembro de 1991.

EYSENCK, Hans. "As formas de Medir a Criatividade". *In*: BODEN, Margaret A. (Org.). *Dimensões da criatividade.* Porto Alegre: Artmed, 1999. p. 203-244.

FITZ-ENZ, Jac. *The 8 Practices of Exceptional Companies.* New York: AMACOM, 1997.

GARDNER, Howard. *A nova ciência da mente.* São Paulo: EDUSP, 1995.

__________. *Atividades Iniciais de aprendizagem.* Porto Alegre: ARTMED, 1996.

__________. *Mentes que Criam.* Porto Alegre: ARTMED, 1996.

GOLFERA, Gianni. *La memoria Emotiva.* Milano: Sperling & Kupfer Editori, 2003.

__________. *Più memoria.* Milano: Roberti, 2007.

GUILFORD, J. P. "Creativity research: Past, present, and future". *In*: *American Psychologist* 5, 1950. p. 444-454.

__________. *The structure of the intellect model: its use and implications.* New York: McGRaw Hill, 1960.

IZQUIERDO, Ivan. *A Arte de esquecer.* Vieira e Lent, 2004.

__________. *Memória.* Porto Alegre: Artes Médicas, 2004.

JAY, Ros. *The ultimate book of business creativity: 50 great thinking tools for transforming your business.* Oxford: Capstone Publishing Limited, 2000.

JOHN, Erwin Roy. *Mecanismos de la memoria.* México: Trillas, 1977.

KARSTEN, Gunther. *Lernen wie ein Weltmeister: Zahlen, Fakten, Vokabeln schneller und effektiver lernen.* Erfurt: Verlag Goldmann, 2007.

__________. *Lernen wie ein Weltmeister: Zahlen, Fakten, Vokabeln schneller und effektiver lernen.* Erfurt: Verlag Goldmann, 2003.

KATZ, Lawrence e MANNING, Rubin. *Mantenha o seu cérebro vivo.* Rio de Janeiro: Sextante, 2000.

KINGET, M. G. *The drawing completion test.* New York: Grune & Stratton, 1952.

LORAYNE, Harry. *Como desenvolver o super-poder da memória.* São Paulo: Best Seller, 1970.

__________. *Memory Makes Money.* New York: Signet, 1989.

__________. *Secrets of Mind Power.* Hollywood: Lifetime Books Inc., 1995.

LUNA, Sierra de. *Mnemotecnia.* Madrid: Selecciones Gráficas, 1967.

MAI, Robert e AKERSON, Alan. *The Leader as Communicator: strategies and tactics to build loyalty, focus, effort and spark creativity*. New York: AMACOM, 2003.

MCPHERSON, Fiona. *Remembering intentions: How to remember future actions & events*. Capital Research Ltd, Outubro de 2004.

__________. *Study skills: Effective notetaking*. Capital Research Ltd (March, 2007).

__________. *The Memory Key*. Capital Research Ltd, março de 2007.

O'BRIEN, Dominic. *How to develop a perfect memory*. London: Pavilion Books Limited, 1993.

OUTEIRAL, J. e MOURA, L. *Paixão e criatividade: estudos psicanalíticos sobre Frida Khalo, Camile Claude e Coco Chanel*. Rio de Janeiro: Revinter, 2002.

PEREIRA, Daniela Forgiarini. *Um estudo sobre o Wartegg como medida de criatividade em seleção de pessoal*. Universidade Federal do Rio Grande do Sul, Instituto de Psicologia, Mestrado em Psicologia, julho de 2006.

SKINNER, B. F. *About behaviorism*. New York: Alfred A. Knopf, 1974.

TORRANCE, E. P. *Criatividade: Medidas, testes e avaliações*. São Paulo: IBRASA, 1976.

VANGUNDY, Arthur B. *101 Activities for teaching Creativity and Problem Solving*. San Francisco: Pfeiffer, 2005.

VOIGHT, Ulrich. *Das Jahr im Kopf: Kalender und Mnemotechnik*. Hamburg: Likanas Verlag, 2004.

__________. *Esels Welt – Mnemotechnik*. Hamburg: Likanas Verlag, 2004.

WECHSLER, S. M. *Avaliação da criatividade por figuras: Teste de Torrance (Versão brasileira)*. 2ª edição revisada e ampliada. Campinas: LAMP/PUC-Campinas, 2004.

WENGER, Win e POE, Richard. *The Einstein Factor: A Proven New Method for Increasing Your Intelligence*. New York: Random House, 1996.

WYCOFF, Joyce. *Mindmapping*. New York: Berkley Books, 1991.

YATES, Frances A. *The Art of Memory*. London: Routledge & Kegan Paul, 1966.

HR Gráfica e Editora
Rua Serra de Paracaina, 716 – Moóca - São Paulo – SP – CEP 03107-020
Fone/Fax: (11) 3341-6444 - Email: vendas@hrgrafica.com.br
www.hrgrafica.com.br